楊昌年著

文學叢刊

烈火入冰：楊昌年小說自選集

文史哲出版社印行

國家圖書館出版品預行編目資料

烈火入冰：楊昌年小說自選集 / 楊昌年著. --
初版. -- 臺北市：文史哲，民 98.05
頁： 公分. --（文學叢刊；215）
ISBN 978-957-549-837-5 (平裝)

857.63 98002842

文學叢刊 215

烈火入冰：楊昌年小說自選集

著者：楊昌年
出版者：文史哲出版社
http://www.lapen.com.tw
e-mail：lapen@ms74.hinet.net
記證字號：行政院新聞局版臺業字五三三七號
發行人：彭正雄
發行所：文史哲出版社
印刷者：文史哲出版社
臺北市羅斯福路一段七十二巷四號
郵政劃撥帳號：一六一八〇一七五
電話886-2-23511028・傳真886-2-23965656
實價新臺幣三二〇元
中華民國九十八年（2009）五月初版

ISBN 978-957-549-837-5 08215

回首行經蕭瑟路

~代 序~

曾經由徐訏中篇〈筆名〉的意識而憬然：銀行襄理熱衷小說創作，叮囑編者絕不能讓他的妻子知道；而寫詩、寫評論的妻子同樣要求編者替她保密。這位少婦厭惡丈夫是個市儈，卻不知枕邊人就是她最爲心儀的作家。長久扮演夾心餅干之餡的編者，不忍他倆冰炭不容，建議由他來剖明、被那男子斷然拒絕。說出原委，他之所以能有創作，動力來源就是拜妻子所施痛苦壓力所賜。是呵！文藝創作題材之生，儘管多有由理念、悲憫而來，但更多的仍是生活中因人與人「錯置」而生的失衡、吶喊的「苦悶的象徵」。

如今我回首來時路，蜿蜒如一條我怕看的蛇，雖然怕看又還禁不住自虐地去數牠的鱗片。最早是我少，青年時的貧苦掙扎、跋涉江湖的伶仃悲涼；跟著來的是出道之後數不清的打擊、像一頭全無關愛的傷獸、低聲嗚咽，自舐創口；其後是我在「錯置」網羅裏的悲憤，甚且仍有著能有改善的希冀……以上的寸寸節節，總算還能留下烙印，爲過往的悲辛歲月作註。

也曾藉著「立功」的忙碌來忮求麻醉，又復在自知不善與人周旋，入世無才、不能適性之後改弦易轍，終於在長期的教學、研究的自我天地中找到定位。而我有能力可以付出，可以肯定的竟又不免受制於人而被迫中斷，迫得在「放下」的自嘲之下返回重拾筆耕之鋤。在暮色蒼茫中回首曩昔來路，差幸我始終頑強地堅信創作志力長在，在嗣後的有生之年，我仍然可以賡繼地藉著研究，寫作來交代一己。

是爲序。

二〇〇八、九、十五於台北

烈火入冰

楊昌年小說自選集

目錄

黑繭

長片是叫做「同床異夢」，洛赫遜在走過街角時，被女畫家刷上一臉油墨。她扶著他，到家，輕輕地擦，先擦眼，剝出那一股脈脈的含情，款款的，深深的，擦完了嘴，那兩片菱形的紅唇就蓋下去……。

好自然！好美！人，不就是該如此嗎？用我們所擁有的去享受，交換著享受，直接地用感官來說「愛」，趁膚色正充具著光澤，而肌肉蘊藏著彈力之時。「愛」，在有力和美的時候表現最好、最具體。不必含蓄，不必克制，莫等到皺紋出現，皺紋之下沒有美，也沒有力，祇有鬆弛，如落葉般蕭瑟的惘然。

讓我們都能經歷一次吧！最少要有一次，在數十年的生命中：如三白和芸娘，或者徐志摩和陸小曼……為什麼要隱藏，讓熾情在抑制之下冷熄？為什麼祇有電影裏才有？祇有女畫家、藝術家才能……。

「手臂拿開去好不好？硬硬的，叫我怎麼睡？」

是在關門之後加鎖的聲音，他祇能歎氣，輕輕地，抽回自己的手臂，蜷縮在冰冷的被裏。隔著兩條被裹著的夫婦，他以寒冷的身軀再裹著無窮無盡熾熱的思念，想她，想另一條被中裹著的溫暖芬香的她的胴體，想那些溫柔水波漾動的柔情……

認識她不久，替她去洗相片，偷偷地放大了一張，急著要想掛起來，可是她不許：

「讓一個男人把我的像掛起來，那成什麼話！」

照片在她的默許下掛起來了，多清秀，穿的還是學生服，什麼裝飾都沒有，也沒有用化粧品，小巧的，飽滿的臉龐孕著份甜甜的微笑，額前的髮微微卷曲。

那張如柔波，如從未照過人影的清澈溪流的照片呵！他曾凝眸千次，每次注視久久。像是首舊歌，唱起時就能回到那些快樂的日子：照片掛起來之後，她穿著條大裙子來陪他打羽毛球，鬈髮梳起了馬尾，他老是在馬尾的晃蕩中忘了接球。攬著她的腰經過宿舍區，他開始在一些注視的眼光中有了驕傲。那些日子的柔波好像流得最快，每天都是那樣短，晚間，當他必須用自行車載著送她回學校時，送到後再去散步，依偎著賴到女生宿舍關門前的一刻，那刻骨銘心的難捨難分，沁入心脾的難忘的甜蜜，窖藏中醞釀著的是濃濃的芬洌。

他買給她的許多蛋，叮嚀她在考試時吃的，直等到她嫁了，那些蛋還在，跟著新嫁娘來夫家，早就不能吃了，蛋殼上還有她畫的心心和Love。

有一次，她在他家，他在教完家教後趕回去，盼著家的溫暖的燈火，腳下的輪子踩得飛快。到了家，迎來的是喜孜孜的笑臉，牽著他到櫥邊，拿出點心來：

「留著給你吃的！」

在不能見面的日子裏，他的信訴說最重最濃的相思，他想吻她，她把紅唇印在紙上寄給他，寫著說：「我是妳的，吻吧！吻個痛快！我願意！」

那一年夏夜，他常在家教完畢後到她學校去，夜很黑，很靜，那時的學校還有很多樹，情人們都有自己熟悉的小天地。那一棵樹下，他擁著她，長長的齒頰留芳的吻還不夠，她常穿著的是那件涼涼的香雲紗的洋裝，激情的他忍不住去接觸些，那對蓓蕾因愛情的充盈而日漸隆發，芳菲的谷潤濕，盡管她在日記裏常寫：「他越來越放肆了……」但她從不曾峻拒。那滿流著香與熱的夏夜呵！儘管祇有一年，但眞的是夠了，肯定了甜蜜並使之在憶念中不朽。

誰都能甘心讓甜蜜封進回憶，尤其是封得那樣早，在生命正值壯健之時。

等著，等著，她還是沒轉過身子來：

她也沒睡著，背上有一小塊風斑，她在搔著。

他趕緊探手進去幫她，輕輕柔柔地，生怕抓疼了她，她沒拒絕，搔著搔著，他的手轉到她胸前，熟悉的胴體，結婚雖已十多年，她的美貌不減，豐腴的肉體，曲線還是和以前彷彿，常在換衣時惹他喜悅地注視：

「看什麼？討厭！」

她就會抓起些什麼來遮掩，奇怪，爲什麼會迴避自己的丈夫，美好的藝術品都要有人欣賞，爲什麼她就不肯展示自己，甚至是對自己的丈夫！

手底下的感覺仍是溫潤、柔滑的，停在峰上，想著：

「讓她轉過身來吧！我是多麼想擁抱她呵！」

她沒轉身，冷冷地，摔開了他的手，關著的門仍是關著，在他熱切的希望上淋下了一盆冰雪。

有過一次，她在MC來時接納了他的激情，捧著他的臉，吻著吻著，說：

「知道了吧！我是多麼愛你喲！」

當他灰心絕望，眞想結束的時候，寫信給她，得到的回信是：「如你赴黃泉，我也跟你去！」就這一句，讓他在最最空虛絕望之中又找到繼續活下去的憑藉，能忍受一切外在的打擊與內在腐心的空濛而掙扎著再蹣跚站起前行。

她常在他最艱難、最痛苦的時候支持他，有那樣一晚，當可悲的絕望造成，朋友們都已離去，他的感覺，直如是一束扭曲，緊緊的扭曲，除了毀滅已無法解脫時，他要騎車獨行，去墓地，連他自己也不知道自己會怎樣，明天的太陽陌生而荒謬。她堅決不走，冷靜地伴著他，在車的後座攬著他，攬得那樣緊，溫熱終於使他清醒，記起自己未了的責任。

那一次她正懷孕，去上課，回來得遲了，急得他迎著每一輛市內車去找，盼著盼著，喃喃唸著：「不能出事，不能出事呵！」

她去南部開會，算定她是這一晚會回來，但不知是坐那一班車。他從下午五點鐘等起，一班車到，沒有她，月台上人由熙攘而稀少，他去附近逛逛，吃碗陽春麵，回來再等第二班，第二班又沒有，再去逛逛，吃碗米粉，等等三班……一直等到夜裏十一點最後一班北上快車。

那一次出差，替她買了件純白的洋裝，買完後錢也用完了，不夠吃晚飯，懷著兩個冷饅頭上車。車外，每一點閃爍的燈光都是她的眼，她的手，都是她的溫柔，恬和溫婉地在招引著他快快回去。

又有一次在晚上回家時，記得要買她愛吃的零食，才一轉彎，就被一輛摩托車撞上，肇事的車子倒是停了下來，但當看到他還能爬起來，立刻就加快速度逃走。他的口部、唇部受傷，上牙掉落，掙扎著回到家，開門，看到他滿臉是血，他嚇壞了，那晚他受到最甜蜜細微的照顧，深切地體會到她付出的深濃的愛。在以後，不曾再有過，甚至有時他希望還能重溫這份甜蜜，當然他無法故意讓自己流血。

十多年，有很多改變。最初，她雖然矜持，從來不曾主動，但看得出的是，她也沉溺在愛裏，在享受著愛。那時還有三輪車，雨天時，車簾放下，小倆口的長吻常常延續到駛完一整條路。漸漸地短了，甚至成爲虛應故事，儘管她的眞心仍在，而在表露方面她很明顯地已有了改變，上班之前，應給他的吻別衹是輕輕一觸，甚至衹送上臉頰，甚至托辭規避。性的方面，她常常藉故「不舒服」、「累了！」、「沒興趣」來拒絕，漸漸地，拒絕成了習慣。有一次，在他堅持之下，她竟發怒地自己褪下衣衫，躺著恨恨地說：

「來吧！我衹是你洩慾的機器，來執行你作丈夫的權利吧！」

當這種拒絕隨著時日增多，他感到有被冷落的惱怒、焦躁。時常自瀆，一個有妻室的男子自瀆，不可思議。冷靜地分析，是不是精力減退不能滿足她，還是她的生理、心理不夠正常？得不到答案，似乎都是似是而非。

他的情緒開始不得平衡，事業正在開展，每次，經過一個冷寞的夜晚之後，怒氣沖沖地去上班，時常莫名其妙地發火，得罪了人，也常把事情搞砸。

十多年，夫婦之間不知吵了多少次，吵了又吵，好了又吵，嚴重得有幾次鬧到去律師事務所辦離婚，驚動朋友們來勸解。每次的起因，都是些小事，有時候原因就是她太冷，過份的峻拒使他忍無可忍。每次吵，她憤怒，心裏老想著：

「等和好之後，我一定要告訴她不該這樣，一定要把道理說明給她聽。」

她絕少認錯，幾乎每次都是他先緩和下來，委屈道歉，然後她漸漸緩和，接納。而他，總是憐愛地擁著她，那些早在心中琢磨過千百遍的責備的話，總是不忍說出口來。

有一項可怕的事實漸漸形成，那就是，吵的次數愈來愈多，和好之後，再度爆發的空間越來越短。僵持的時間漸長。兩人的情緒愈來愈不平衡。家，事實上已失去了歡樂，冷冷的像個冰窖子。

婚前的快樂在婚後竟異常可悲地不能延續，他常遐想著要調劑生活，試過好多種方式，最初是去學跳舞，還沒學成，看到她被陌生的男子擁著，他老覺得不是滋味，暴躁地停止了。有一次參加朋友的宴會，會後的餘興是跳舞，他倆祇好藉口家裏有事狼狽逃避。孩子一個個生下來，家裏有些時候沒有傭人，她當然是勞累的，但勞累並不曾減損她的嬌美。他的收入增加，常會細心地為她增添新裝，可悲的是，新裝似乎老派不上用場，有一次聖誕，兩口子接受學生們的邀請去參加晚會，去了之後，發現總是格格不入，他倆的盛裝，身份，心理，似乎都與那些穿牛仔褲的青年們早已脫節，整個晚會他們祇是枯坐著看，毫無趣味。

有時，他們也出去玩，帶著孩子太累，不帶孩子又不放心，匆匆忙忙地趕著，沒有情趣祇有疲勞。兩人的工作愈來愈重；娛樂、與朋友交往的機會越來越少。失之東隅收之桑榆，很自然的，他把自己投入工作事業，藉工作的績效來肯定自己的價值，求取心理上的平衡。她呢？在上課之餘就是家務，閉鎖著自己如同一頭蠶蛹，所有悒積著的喜怒哀樂都等著他下班回來向他爆發。而他在心力交疲之餘，回到家裏，得到的不是冷漠就是暴怒，夫婦間的和諧互諒互慰已失，祇覺得痛苦，煎熬得難以忍受的痛苦。

好多好多次，他在內心哀喊著：

「爲什麼相愛的人要相互折磨，難道這也是表現愛得深刻的方式？」

「爲什麼我能很客觀冷靜地辦事，指導學生，而對我最親近的妻子卻不能？」

「我能忍受外在的任何打擊，但眞不能忍受這內在的煎熬，內外交相煎迫的生活眞是難受呵！」

「我知道我還是愛她的，但我所付出的得不到報償，家庭好像祇是旅館，除了吃飯、睡覺之外我得不到什麼！如果我有外遇，是否自然？」

有一年的聖誕夜，本來要去望子夜彌撒的，結果鬧翻了，兩人去找律師辦離婚，她穿著那件紅大衣，還願意乘他的車，坐在後座，當然不肯用手去攬他的腰，車子顚著，他眞擔心她會跌下來，焦急，憤懑之中仍然有憐憫，有愛。

「攬著我吧！攬得緊緊地，讓我們恩愛，莫再折磨，為什麼？為什麼要自尋痛苦呵！」

好多家律師都不願接這檔子事，最後的一家，無可奈何時說的：

「好吧！你們再回去想一想，如果眞的不後悔，明天約兩位證人一同到這裏來辦手續，今晚上沒證人，不能辦！」

送出門時，律師感慨著又說：

「今晚是平安夜，你們可眞是不平安咧！」

不知是否這句話的提醒，就在那晚，兩人終又和好諒解。

與關係較疏的人相處時，常能客觀，能做得很自然，很成功。但對於關係密切的人卻反而不能冷靜客觀，眞所謂「關心則亂」，每次，當她身體不舒服時，他要她去看病，她不理，忍不住，他的聲音會提高，而她的反感立刻爆發，那是說：

「我生病了，你還對我這麼兇！」

殊不知這正是他愛她，關心她的緣故。這一種「欲益反損」的道理，他很清楚，也是能使用優良的口才很簡明、很典雅、生動而幽默地說出來，讓聽的人信服，但，就是對她說不清楚，也就祇有她才會永不了解。

「去看醫生吧！好不好？」

「我不去！」

「那麼，請醫生來好不好？」

「不要！」

有一次，當醫生被請到家裏來，她卻掙扎著衝出大門，搞得那位醫生如墜五里霧中，這是怎麼一回事？事後她還說：「我就知道你不是誠心的！」老天！要怎樣才能使她相信是誠心，跪下來？說假話？也許用刀把心剖出來給她看，而她還會說不是紅色而是黑色哩！

好多次，在夜裏吵架，她獨自外出，他實在不放心，騎著車追上去，請她上車，不肯，拉拉扯扯地，引起路人注意，他總是低聲下氣的，不敢張揚，也決不願擴大，祇希望她肯回家，夜晚，住所是在市郊，附近很荒，一個單身女子，不能沒有顧忌，他擔心，而她完全不顧，倔強的氣惱不易緩和。

甚至她會去藥店買氰酸鉀，毒鼠藥，要由他追上去搶過來扔掉。她會一個人上旅館，當他焦急各處去找尋時悄然返家，手袋裏還有一封遺書，有一次他晚歸，她帶著三個孩子徒步到他同事家去找，他不在那兒，她一進門就昏倒在地上。

另一次是過年後不久，他被朋友邀去玩，過了一夜，第二天早上回來，她已氣得離家出走，什麼線索都沒有，祇好乾焦急苦等。等到中午，有個陌生人送她回來，說是昏倒在火車站，還好身份證上有地址，手袋還有她買的平快車票。

還有一次，是他服務的單位舉行大典禮，他是總提調，正在忙得焦頭爛額時，他的學生來了，送來她留的紙條：「讓水洗我的清白吧！」他實在走不開，打電話請朋友來援手。自己以極惡劣急躁的心情，好容易把場面應付過去。趕到朋友那裏，說是公園的水池邊，近處的溪邊，都開車去看過。日月潭的警方也已連絡，都沒見蹤跡也沒有消息，失望、焦躁地回到家裏，發現她在床上蒙頭大睡。

他眞想，一直想告訴她一些事實與感覺。

每一次吵架，他騎著車在公路上疾馳，心中眞希望撞車，最好是粉身碎骨，生命在一剎那間結束。公路旁有很深很大的排水溝，他已不止一次興起衝下去的念頭，他怕的不是死，而是不死。沒有勇氣承擔殘廢後不死不活的生命。他也曾冷靜地分析，在每次劇烈爭吵的夜裏，筋疲力竭地睡去，睡醒之後，感到的是一片空茫，沒有歡樂，依戀的人生。清醒的意識中空濛得可悲、可怕。眞願昨晚的爭吵不是眞實，但可悲而嚴重的事實總是如響尾蛇似的矗立。冷森地嘲笑地注視著絕望而不可逃的噩運者。眞願昏睡能長久繼續也好，而更可悲的是連昏睡也還會在陌生空濛的凌晨時醒覺。

爭吵後的氣惱常使他不適，他會酗酒、嘔吐，想撕裂自己。而對這些她居然都漠然無動。好多前他想：也許他就這樣死去，漠然的她也決不會關心察覺，等她終於發現時，或許屍體早已僵冷了吧！荒謬！眞是荒謬而不可思議的想法。但這想法存在他的思想裏，久而久之隨著希望漸淡而絕望將成之勢，漸已不再是陌生荒謬，而是近乎可以預期的必然之事。

他想告訴她，他所親眼看到的兩對夫婦的下場：

第一對是戀愛成功結合的，女的是大學文科畢業生，爽直、能幹、熱心助人，認識她的人無不稱讚，但最苦的是她的丈夫，事業很成功，但絕沒有家室之樂，回來時太太常不在，床邊衹有太太換下來的一堆衣服，忍耐，吵鬧，終於有一天清晨，做太太的鬼嚎著滾下樓來，她的丈夫七竅流血死在床上，那是服毒，他用一死來表示抗議，結束了彼此深刻而不斷相互折磨的痛苦生涯。

另一對，也是戀愛結合的，男的是科學家，女的是他的助手。太太完全不關心丈夫，偶爾叫他捧著些禮品，一同到她娘家去，娘家的孩子沒教養，惡作劇，作弄這位不善辭令的科學家，偷偷抽掉他的坐椅害他跌跤，他忍不住發怒，做妻子的還說他小氣、沒度量。他不肯去她娘家，她常耽在娘家打牌，不回來。到晚上，這位健康的男子獨身酗酒，用刀片割自己的肉，口裏喃喃地叫他妻子的名字。後來，他到深山，用自製的炸藥把自己炸得粉碎，他的太太居然毫不知情，直到後來看到沒炸爛的遺物……

兩個女人都是高級智識份子，也都愛她們的丈夫，同樣的，她們的丈夫都因得不到家庭溫暖，在身心情緒極不平衡的狀況下自戕。他們在死前都沒有什麼表示或通知，可以想見，他們的希望已被腐蝕盡絕。在他們死後，這兩位寡婦傷心欲絕，憔悴得都像個影子似的，她們都很堅貞地負起撫孤的責任，衹是，在月白風清之夜，她們難道不會反省，美好幸福的家庭，壯健的男子的生命與輝煌的事業，遽爾斬絕的快刀之手固然是出於男子，但促使形成悲劇兌現的決心之醞釀者是誰？

兩位死者在生前，或許也會想到死後妻子的痛苦、孤寂、悽惶與悔恨吧？然而他們竟無所戀惜！立意要讓妻子來承受這些，是否這就是對她們所行的愚昧的折磨虐待所施的快意報復？

他眞想去告訴她這些，熱烈地、緊緊地抱著她，吻著她，告訴她這些！

「妻呵！妳看！彼此相愛的也會這樣折磨對方，多可怕呵！妻妻！讓我們互諒、互信，好好地相愛著過日子吧！我們眞的不能蹈這些覆轍呵！」

記得是在「亂世佳人」的片中，蓋博把刁蠻的費文麗抱著上樓，費文麗掙扎著、叫著、喊著，他不管，硬把她抱進房。

鏡頭上可以看到，第二天的費文麗，馴服於強力之下竟有奇異的恬然與平靜。

他在想：

「爲什麼我不能行使做丈夫的權利？」

親吻她，她沒有動，手探進被衾，停留在熟悉的部位。

「難道妳不是女人？這器官就是不用的嗎？」

「妳以爲我最要面子，決不會說出這些隱衷，啞子吃黃蓮心裏有數，我偏要說，誰都可以評理，健康的丈夫爲什麼要遭到妻子無情的冷落……」

「不但要說，而且還要做……」

她的反應來了，非常迅速而強烈，就如被蛇咬了一口似的，著力地推開他。她的身子是溫軟的，但眼神卻堅決得如一支冰鏃，衹看了他一眼，已可使他全身血液凍凝，千千萬萬愛的激情頓時熄盡。

那不是妻子看丈夫的眼神，那是，那是看到毒蛇時，看到痲瘋病患突現在眼前時的眼神。

他默然。

他能想到，如果他不忍耐，跟著來的必然是她的爆發，和十三年來每一次一樣，劇烈的吵鬧、哭泣、反覆的責備、詈罵。任何的解說，誓證甚至昧著良心道歉都沒用，孩子們噤著哭聲在顫抖，筋疲力竭之後的昏睡，次日清晨醒覺後可悲的空濛。

然後就是一連串的日子罩在陰霾裏，罩得密密地，冰凍的家，冰凍的氣氛剝去了他每一股壯志豪情，更使孩子們孤僻、瘦削、伶仃而懦弱而畏怯。

「散了吧！與其兩個人都痛苦，何不作一了結？」

他在激怒時曾如此想，激怒過後平靜時也曾冷靜地想過，想過千百次，結果仍是惘然。

他知道，他怎樣順著她都沒有用了，他的自尊心已毫無，祇要她能稍稍改變，要他跪下，打他，他都願意。但！所有曾經想過的希望都漸破滅，橫亙在眼前的竟無一線曙光。

他的朋友越來越少，沒有人上門。家，多半的日子像是個冰窖子，不活潑的孩子們，使他看到就心疼、失望、焦躁、暴怒，孩子們會更驚惶。瑟縮地躲著，使他更難受，難受得要發狂、要毀滅、要撕裂自己。

「天呵！」

絕望時他會抓著頭髮嘶喊！

「我該怎麼辦？我該怎麼辦？」

「散了吧！祇有散了！」

可是，每當看到那幾張驚懼、蒼白的小臉時，他的勇氣又消失了。尤其是那最小的一個，幼稚得還不懂得驚懼的，每當他痛苦地抱著她，汩汩的以熱淚去洒那張無知的小臉時，看到那雙湛然明亮的小眼睛，他在絕望中嘶喊：

「可憐呵！可憐呵！可憐的！妳們能沒有媽媽嗎？」

而做妻子的在最後最無奈的時候，她也會頹然地說：

「我是個不正常的人。」

如果她眞能倔強到底，他眞能冷靜地安排分手，但她居然這樣說，他又能如何？就算是能分手，以後的歲月，她又將如何？他又將如何？兩人都已不再年輕了，分手之後，如果她不幸福，甚至不能平凡，甚至悲劇，他的良心又如何能安？

黑繭！整個的人生是一枚黑繭，四十多年，他應以粗糙的雙手建立起幸福的，萬萬想不到，建起的是這樣一枚無形而堅厚的黑繭，更可悲的是，隨著時日，黑繭的堅厚還在繼續不斷地增加，以後，蛻化的可能極其渺茫，而自封在繭裏的蛹，幾乎已放棄破繭而出，栩栩然化爲蝴蝶的希望。

他最愛讀的是梁任公的「進取與冒險」，其中寫著：

「亞歷山大之親征波斯也，瀕行，舉其子女，玉帛，悉分予諸臣，無一餘者。諸臣曰：『然則，王更何有乎？』王曰：『吾有一焉，曰希望』。」

他會在心裏喊著：

「我的希望呢？我的希望在哪裏？我的希望呵！」

四十多年，在已往，他一直擁有著希望，當在小時候，噙著淚，把不值錢的東西送上當舖高高的櫃檯時，熱烈的胸腔中有著希望；當寒冬飢餓難當，他和母親相依痛哭之時，淚水嗍到心頭，澆也澆不熄的希望；當深夜躑躅冷巷，飄泊無處可歸之時，冷風吹不滅的希望；當貧病交迫，手拉著船舷，蓄意要與波臣為伍之時，挽救自己的是這一線希望。

而希望呵！一直親切相依的希望，誰知在歷盡艱困之後，生命正值壯健之時，這一支柱了四十多年的力量竟然行將斷絕！

他知道，很清楚的知道，自己正在萎縮，心理上痛苦已逐漸蔓延到生理，那些可悲的腐蝕的限制，使他在內在外，同時在延展著萎縮：走路老低著頭，沉默，不想多講話，不再有爭勝，表現。眼睛怕看陽光，行動已開始遲緩，老是獨自坐在暗處，望著吐出的煙縷，由濃而淡，漸漸地消失在暗中……

已往的身心不平衡曾促使他向事業上努力發展，現在呢？他已如一頭傷獸，不敢，也不能，不願再去搏鬥了。他能直覺，自己已是一株落盡了葉的，內外枯槁的樹，或許樹幹裏還能找到一點絲縷，那是他一再想著左丘明、司馬遷、愛倫坡……想這一種身心極不平衡的痛苦，還能不能造成力量，使他在有生之年，藉痛苦煎熬為培灌創作動力的養份，寫出他悲苦的吶喊……。

六三、十二　中外文學三卷七期

烈火入冰

何意百鍊鋼，化為繞指柔。
——劉焜，重贈盧諶。

（一）

那樹桿，光禿的，連一片葉都沒有的樹桿，兀自在挺立著，好直好直的，在烈陽的炙烤下喊著焦渴。纏繞著的蔓蘿直爬到它頂端去恣放，陽光裏，綠葉亮麗得耀眼。依附著樹桿的蔓蘿，可知樹的焦渴，飽含在它亮麗葉裏的水份，可否輸送分潤一些。

孩子們都睡了。

想想，這一天還不錯。下午全家出遊，先是廣東點心，然後是白熊冰淇淋。一心想討她的歡心，逛成都路時，他一直在問要不要買衣服，她不要，經過那些店，她連進去看看的興致都沒有，祇好提早回來。

現在是在看電視，螢光幕上有恩愛的鏡頭。他看著她，躺在沙發上，沒表情，趁廣告時間去吻吻她，被她皺著眉推開。

為什麼？難道又是山雨欲來？

那可憐的、逐漸枯萎的樹桿，夜裏。你聽得到它乾裂的唇的翕張，它是在喊，喊它最基本的焦渴的需求。

(二)

到床上，想起她早上的話：

「我不要再吃避孕藥了！」

他沒答腔，眞想問她，不吃！該怎麼辦？用安全期計算方式的，誰料得準，危險期用套子，還是不保險是不是？今天報上有一段介紹男性結紮手術的：說是祇要十幾分鐘的簡單手續，就萬無一失，丈夫的犧牲又能贏得妻子的感激。反正孩子都三個了，要不就乾脆這樣。可是，快感總該會受影響吧，這顧慮太自私，不！不是自私，她也一樣會覺得的，好吧！不管這樣，心理上會不會有陰影？是爲求平衡而作犧牲，犧牲之後果能有平衡的收穫？還是在蹺蹺板的一端加重更大的懸差？還有一點老梗在心裏的，三個孩子都是女的，憑什麼不該再生個兒子。

老習慣，向壁睡，把個背對著他：

手攬過去，嗅著她頸上細細的粉香：

「我不舒服！」

一塊冰，重重冷冷地擲下，好吧！不能勉強，上千次的經驗，她的一次暴怒會延續到十天、半個月、一個月、甚至幾個月的。

「我知道，我祗想吻妳一下！」

「不要！」

當然決不是擔心感冒傳給他，爲什麼這樣？憑什麼？爲什麼不能溫柔點？讓人心甘情願地接受婉拒，擁著她，愛憐地吻她，那就夠了，夠滿足的了。

「我祗要親妳一下！」

「不！」

直覺得有萬千的憤懣壓抑，按捺不住這就要迸出。

「可不可以替我保留一點點自尊？」

還有倔強，握著她腕的手忍不住用力，拉開它們，像拉開兩道防禦。唇埋下去，就算拚著被她咬一口也不怕，做丈夫的，總該有權給自己留一點自尊吧！

看到她緊皺的眉，眉下的兩泓怨毒……

她爲什麼不想想，就算不把丈夫當丈夫，就當作是普通人看待也行。永遠是那樣固執倔強，爲什麼就不肯替別人的自尊稍想一想？十多年了，夫婦們老是這樣，像是隔著一座山，她爲什麼不肯想想，爲什麼不想爲什麼不想爲什麼不想想？

她是永遠也不會明白這些道理的，總以爲他的表現祗是慾而不是情，告訴她這是夫婦，這是情愛，眞眞實實的情愛，是基於愛的自然的表示，她不懂，也永遠不肯去體會，去想想，甚至有時她會說：

「我怕你！」

做妻子的竟會「怕」她的丈夫！這種話蛇信一般地咬來，冷森森地嚙熄他所有的熱情，眞的害怕的是他，他才是眞眞實實地怕她的「怕」。

忍不住，他爆出一句。

「既然這樣，妳爲什麼要在這裏？」

他忘了這正是她最忌諱的，她曾警告過，決不能出言趕她走；他也知道不能說娘家遠在千里以外的另一個國度，而她的公民權又早喪失了，叫她回到哪去？可是，氣急時仍會衝口而出。

風暴果然比預期更烈，十多年來聽慣了的那些惡詈陡然迸發，如衝破了堤的洪水，對著他罩頭罩臉蓋下……

他想告訴她，他的意思衹是要說，既是在一張床上的夫妻，妻子何必不溫柔一點，是妻子就該像個妻子，不該太過份不給丈夫留面子，那句話不是要趕她走，眞的不是。

當然他沒有機會，他完全知道，她在暴怒時從來不會冷靜解釋的，說也衹是白說，不如閉口，免得洪流的缺口更大。

「孩子就要考試了！請妳小聲點，不要影響她們好不好？」

他衹能這樣說，總算她還是個女人，孩子對她還會有效。多年來，孩子們在父母的暴風雨下變得蒼白、孤僻、瑟縮，他和她都清楚，他的心隱痛好深，常在心裏喊著：

「就算我們沒有愛，就算祇爲了孩子們，請妳停止、停止這些無謂的爭執殘害好不好？」

誰知道她會不會想？這種聖女式的女人，就算她想過也決不會承認的。她的易怒與持久的冷漠時常激起他的焦躁、暴怒，家：是尖叫惡詈聲浪瀰漫的戰場，或是空氣凝結的北極的冰凍。六隻帝雉的眼會漸漸長大，但，年復一年，明亮的光采是越來越黯淡了……

可悲！可悲！

想到女兒們的荏弱畏怯，他的怒火也祇能硬生生地壓制，不能吵不能吵決不能再吵，她既然如此，大事化小小事化無的工作就祇有由他來做，獨力挑起這付擔子，忍耐忍耐任沉重壓著硬生生地承擔。

唯一的辦法祇是沉默！等她的惡詈得不到反擊而稍弱、漸停。他在沉默裏忐忑，輾轉著，等待轉機。

想想，她是不是也正在想？

她能不能想通這些，了解到他的自尊所受的傷害，了解到溫柔平衡的意義，驅除盤據在她心頭的那尊魔，是那麼叫她誤解的，固執地認爲他自然的情愛是蔑視是獸慾的發洩是強暴。是那魔，就是那魔。叫她把性器官的意義與作用都忘了。

如果孩子們不在，如果在荒島，祇有他和她，沒有別人，他可以再無顧忌，不怕吵得聲音多大，不怕她會逃避，他應該有把握叫她明白這些的。也許祇要有那末一次，踞在她心裏的那尊魔會被推倒，他和她能從頭來起，縱然過去浪費了好多日子，但未來的，可以細細咀嚼相愛，享受著的日子還會有，還不算太遲。

什麼行業都有，爲什麼就沒有人想到這上面。如果有一家公司，安排不和的夫婦去一處荒野，製造他們必須合作依恃的機會，那昏黯的情愛將會重新發光，眞摯將在艱困中被了解認知肯定。

她會不會眞的是性冷感？

眞想去找藥，故事裏的合歡寶鏡，一張神效的符，放在她的枕中……

等待，等待，等轉機，不會來不會來的。曾經有幾次，明知說道理她不會聽也決聽不進，試著寫封懇切的長信留在她桌上，回來時聳著每一根神經找看，有時還在桌上，彷彿她根本看都沒看；有時，信不見了，發現在字紙簍裏，揉得皺皺的一團。她是不會細心地捧讀，珍重地收起，帶著微笑歡迎他回來，伸出臂相擁……她不會，她永遠不會，她是一塊鐵。

誰能長久伴著塊冷鐵，契約上規定是他。

如果他有外遇，算是他有罪？還是逼上梁山的無奈。

祇要她能回心轉意就行，他常在想，夫婦之間用得著什麼矜持，他眞願跪下去，讓她溫溫柔柔地拉他起來，溫溫柔柔地相擁……

可悲的是他十分明確地知道，不會有手來拉起他的，更可悲的是他明白自己，這一輩子他是輸定了。她控制住他人性基本的需求，儘管他受不了冰凍冷漠，掙扎反抗，焦躁暴怒，到最後，他仍會再她最後武器下低頭，她會搬出她的孤單無奈悲苦，甚至自承她性格上的缺陷，坦白地說她不能控制自己，以此來激發他的不忍，千千萬萬的憤懣一句都說不出，反而會訥訥地自責，捧著她，讓她勝利，直覺得她自己沒錯，完美一如聖女。

沒有轉機。

(三)

乾枯的樹桿，嘶喊著要一滴甜汁而總是失望的，在焦灼中逐漸枯萎。

大清早一睜眼，腦子裏一片空茫，今天是什麼日子？

昨晚又是什麼？好怕想，最好是夢，最好沒有昨晚，沒有今天，什麼都沒有最好……不願，也不敢去想的那些，偏偏是蛇齒囓咬般的，痛得好清晰，痛得失望……不……是絕望，深沉的絕望，老是能真真實實地感覺到自己在墜落，虛虛悠悠地，向不可測知的底飄著、墜著……

還是先她起來吧！先叫醒要準備考試的孩子，他去弄洗衣機、放水，泡著的內褲和襪子要先搓搓，會噁心，沒關係，想到都是自己的親人就不會了，整理客廳、房間、舖床、倒字紙簍、洗煙灰缸，然後，晒衣服，一竿一竿，得記住她說過的話，紅的花的，質料好的衣服不能晒在陽光下，衣服晒完，去盥洗室，平常這時候她會問一聲：

「吃什麼？」

蛋炒飯、生力麵加蛋，總不外是這二項。今天，她當然不會問，他也不必老著臉皮去請她準備。自己弄，沒胃口，算了，等會兒還是去公司附近吃魯肉飯吧！老闆娘和夥計熟得很，老闆娘有顆大金牙，夥計乾瘦乾瘦的，一隻手上四個指頭都祇剩半截，好些時候，他和她一吵，冷戰常能延續個把月！每天早上都去光顧，一坐下來，不用吩咐就會端上來，魯肉飯一碗四元，不貴，肉羹一份十元，一共十四，老規矩。

孩子們都走了，她開始換衣服，經常，他也在這時候換衣。四十歲男性成熟的體魄的顯露，記憶裏她彷彿不曾注意，更不用說是欣賞。而他呢？確是一直在迷戀著妻的手熟胴體的。以前的她是標準身材，出差時替她帶回來的新款式一定都合身，現在是胖了些，但距離臃腫還遠。她的骨肉勻婷，肌膚白裏泛紅，三個孩子都不曾吃母奶，她的胸前仍是高挺著的。在衣櫃的長鏡前換衣化粧，他眼裏的妻子就是一尊象牙女神，豐美潤澤光照逼人。他在另一面鏡前梳髮，在鏡子裏看她，比正面看要好些，免得招她反感。他常想告訴她，這也是夫婦們私生活裏很自然的一部份，趁著壯盛成熟，肌膚充具著彈性潤澤的時候，爲什麼不彼此欣賞、享受。在私室裏的夫婦用不著什麼道學，自自然然，眞眞實實地表現熾熱的愛有什麼不可以，想想看，那些被禮教壓扁了的古人們不是也曾有過反抗，也曾有過「水晶簾下看梳頭」「閨中之樂，有甚於畫眉者」的心聲吐露。

祇要一吵架就完了，她會逃避，躲避，攫起衣服到另一間去。有什麼好說的，他當然不便進去。一切道理都靠她自己去了解，就算他費盡唇舌也不會接受，何況她正在生氣頭上。

每天上班前的一吻當然也免了。他所重視的是她的溫柔情愛，帶著她唇上的芬芳去開始一天的工作，他意識到的溫柔就是種支持的動力。他會好有信心，和善地對人，敏捷準確地辦事。……而她，一直是不重視這些的，有時祇肯把臉頰給他，甚且會皺著眉，叫他帶著一肚子被冷落漠視的窩囊出去，悒積的不平衡在公司裏升浮暴露，跟同事吵架，搞砸了公事。

婚前婚後的改變眞大，記得在戀愛時還有三輪車，下雨天，放下油布，車裏就是個秘密的小天地，情人們的熱吻常延續到車子踩完一條街。就仗著這些刻骨的纏綣溫柔的召喚，使得他能在晚間教完兩處家教之後，還騎著單車去宿舍找她，一定要帶著她唇齒的芬芳溫習回家才能恬然入睡。

(四)

那樹桿裏，焚燃的焦渴痛楚凝聚凝聚，形結成一匹獸，困在檻裏的獸，掙扎著想衝……

中午，他回來，看到她的冷臉。

晚上，他先上床，等著她，反覆推敲著道歉的話，總該是不會絕望的吧！十多年的經驗裏，不是還有些珍貴的片段嗎？

那年他失業，孤身到另一個城去奮鬥，努力想恢復自己的身份，寄人籬下，天天吃陽春麵，晚上在孤衾裏冷醒來，懸念著妻女，辛酸浮起，盈眶的水滴滾落。每週回去一次，夜車來夜車去，相見時難別亦難，她送他上車，車開了，他在車窗裏目送她踽踽獨行的背影，模糊的夜色裏，盼她回頭又怕她回頭，常在心裏喊：

「太苦了，太苦了！我們還是放棄算了。中年不比青年，東山再起的希望太渺茫。讓我帶著家人下鄉去，隱姓埋名，什麼社會地位、事業、算了！都放棄吧！祇要能廝守著平凡地活著就好！」

她是倔強的，他也不是那種一跌倒就爬不起來的，掙扎努力在希望懸的路上進行，見不著她的時候就通信，她寫著：

「我很滿足，眞的，我已經很滿足了，你能小心地照顧我，我已漸能相信你是眞的愛我了，現在！我祇是等待週末，等著你回來……」

當沮喪在奮鬥之途遭受刺激甚至打擊時加強，他也曾想到結束，寫信給她，她的回信是：

「你若赴黃泉，我也跟你去！」

就是這最眞切的依賴，激起他責任感的升浮，自沮喪的深淵裏鼓勇再起、懸的漸漸近了，他能攫住，能小心地，充實地握住，東山再起已不是希望而是事實。

搬來這座城是新的開始，奇怪的是新的生活裏仍常有舊的爭執反芻，那一次吵得最厲害，她去朋友家，中午他在炒飯，心裏想著：

「多炒一些，也許她會自動回來也不一定！」

門鈴在他切蔥的時候響起，慌亂中切破了手指。一開門，果然是她……他問：

「吃過了嗎？」

「還沒有！」

「有炒飯，要不要吃？」

「好的！讓我先替你包手！」

她替他包紮，他在享受著溫情，悒悶漸漸如煙淡失。一等到她做完，就把她攬到懷裏……

還記得有一次夜裏，她有點不舒服，他也知道，不忍去碰她。但又按捺不住那份躍動……

「你要嗎？」

「嗯！好想要，妳不舒服是不是？」

「沒關係！」

「給我？」

「好嘛！我給你！」

(五)

一股熾烈火燄衝向寒冰，寒冰會融？會燃滾？不！寒冰是鐵，堅厚固執的堡是攻不破的，烈火入冰，祇是滋的一聲就熄了。

她和小女兒擠一床，他過去道歉，招來她千篇一律的拒絕，沒辦法，只好沉默。等著她去盥洗室，趕緊把她的枕頭搬回到大床上來。

還好！她沒有過份的堅持，祇是把枕頭換過一頭。老樣子，老習慣，向著牆壁，換一頭也還是這樣，就是不肯面對面。

不敢碰她，不敢碰她，他那習慣性的瑟縮又來了。用毯子裹著自己，築起座城堡，一隻手藏著，藏得深深的，意識裏，這隻手就是全部的自己，藏著藏著，好安全好寧貼。可以避免惡詈的罩落與自尊的撕裂的，祇要這中心安全就行，身體的其他部份都不重要，反正就像一具無感受的行屍，任何的侵襲下都是全然的麻木。另一隻手的一根指頭伸出毯外，它的作用是觸鬚，在小心地探聽著風暴的消息。

風暴沒來！平靜。平靜裏潛伏著令人窒息的恐懼的悸動……

多盼她轉過臉來，一次，祇要一次。給他一點點可以接納的暗示，給一點點信心。不會有的，不會有的，除非像那次晚上回來，替她去買麵包，被後面來的摩托撞上，闖禍的跑了，掙扎著、滿臉血污地回到家，看到她的驚惶，看到她驚惶裏眞的關切和愛，有過那一次，他會禁不住要想溫習，想著出事，醫院裏，頭臉裹著繃帶，肢體打上石膏吊著，祇有眼睛能動，能看見她的驚惶、啜泣，她會明白，是她的冷漠使他憤懣失常，不平衡的心理招致的不幸，她終會悔悟，眞正的悔悟。

但，若眞的那樣！一切會不會太遲？

仍是以自虐來行使虐待報復的心理吧！茫然！茫然！茫然之後，又是十分空寥，憮然……

以前有一位同事，能力表現最差，那小子從來不在外面吃飯，一定要回家，硬拉著他叫他招出理由，他就會說：

「我太太在等著我，我要是不回去，她眞的會吃不下飯的！」

該羡慕的是這小子，他什麼都沒有，就有這一份叫人妒嫉的甜蜜。人生如此，夫復何憾？沈三白有了芸娘，怪不得沈三白沒有事業，沈三白好窩囊。那有什麼關係？沈三白有叫人羡慕的甜蜜，他已經夠了，無須再求什麼，忙碌的事業，日正當中的炫耀，怎比得上那份溫溫柔柔的甜蜜。

在外邊的他，老是以一付燈塔姿態矗立著的，確是被人仰望企敬的，那又有什麼用！他自己清楚知道，燈塔的內部銹跡斑駁，孤高地矗立得好苦。不要做什麼塔塔，眞願做一隻被妻子用溫溫柔柔的繭封住的蛾，心甘情願，寧貼地蜷伏著，享受著甜蜜。

人——重要的祇是求快樂吧！平凡甜蜜的快樂就好，別的，一切都無意義：紅樓夢裏的譬喻是對的，男人是泥女人是水，對的。泥有了水，泥就不再乾裂了，水的溫柔能使它呈現各種形狀，偉大的，畢竟還就是水呵！泥是會甘心情願地聽命的。

祇是，一定要水去融才行！要是溫柔的水，不是硬水。

如秋燈瑣憶錄裏的秋芙，如浮生六記裏的芸娘，神仙眷屬，平凡甜蜜的生活，該正是每一個忙碌奮進、枯躁焦渴的男性心靈所企求的寧貼。人生的得失比較之下，寧願要它而不要那些飛揚炫耀！

水呵！快以妳溫柔的本質來平衡妳的泥吧！妳依附的樹已枯乾已萎縮已瀕死。祇盼妳溫柔的汁液來滋潤，盼著妳的憬悟與妳及時的改變賜與，付出，莫再蹉跎，莫再蹉跎了吧！

六五、十二、十九、二十 聯合報

「銹」才

（一）

「那一年颱風漲水，在永和有一家，四個人打牌，水淹到腰還沒有發覺！」

「後來呢？」

「有一個吸煙的，垂下的煙頭被水泡熄了，拈起來猛吸，沒有煙，這才發現，啊呀！不得了！水都淹過腰囉！……」

「這才眞是咱們四健會的好同志哩！該頒個專心『築城』獎什麼的！」

「莫事莫如牌在手，一年幾見雙龍抱！咳！三餅你往那裡跑，老子先碰了你再說。」

燈下，四個男的在打牌，都是公司同事：吳國泰的上家是小陳，單身漢，抱的是「不到四十不成家，今朝有牌今朝打」的哲學；下家田葵，上十年的老組員，去年組長沒升成，眼看煮熟的鴨子飛了，一氣之下投效四健會，最初技術不行，是蘇東坡的爸爸「老輸」，繳了幾個月的學費，目前已是青出於藍的後起之秀，新會員，改正歸邪的新會員，不！該說是改邪歸正才對。吃不飽餓不死的白領階級，單調乏味的生活，職位升不上去，生活改善不了，努力吧！太累，人生的疲乏感，太重，何以解憂？惟有麻將，麻將就是休息，祇有在麻將桌上，四方城中，你才能渾忘一切，什麼煩惱都不想。一面打牌一面窮吹，罵上司，發牢騷，志同道合，痛快舒服，連大水淹到腰部都不覺得。

吳國泰的對面是老趙，地主，四個人裡篤定輸贏不大的。贏了是錦上添花，輸了有頭錢貼補。每天一場牌下來，頭錢收入除去開銷總還可以剩幾個，怪不得他總是不溫不火的，沉著應戰，也怪不得他時常能贏。

兩圈下來，吳國泰還沒有開始和牌，不斷地警告自己！要放鬆，不能緊張，氣勢一定要壯，越是不在乎輸贏才會贏，小牌不和，要和就和大的，先讓他們和，老子精采的表演在後頭，三年不鳴一鳴驚人，不攤則已一攤下來準叫他們嚇得直哆嗦……祇是今天的口袋不太充實，才一千塊，而且是家用，可絕不能輸，才不過月中，離發薪還早得很，要是輸了一家四口吃什麼？不能擔心這些，該灑脫點，患得患失最糟，不能想不能想，可是有什麼法子不想，一千塊錢已經去了一半多。

「吳國太，你今天又是佛寺看新郎，賠定啦！」

「老虎不發威，當我是病貓，看我和個大的！」

好不容易做成了一付清一色，聽了牌，吳國泰點起一支煙，緊張發汗的手有點抖。

「大家注意，國太點煙了，準是付大牌。」

「條子不能再放，我偏不信邪，二條！」

「好！清一色！」

就在吳國泰石破天驚一拍桌面的同時，上家小陳輕鬆地把牌一攤：

「別忙！國太，小弟告罪，攔你一次，四番小意思。」

(二)

一進家門就心煩，小女兒端著盤醬油泡飯在吃，鼻涕直拖下來。屋子裡靜靜的，忍不住有氣，吼一聲：

「媽媽呢？」

小女兒一嚇，兩條黃龍倏地鑽進鼻孔；大女兒奔出來，怯怯地分辯：

「媽在工廠加班，說爸回來請爸帶我們去吃飯，等了好久，爸還沒回來，小妹直吵著肚子餓，沒有菜，我祇好……祇好……」

「妳吃過了沒有？」

「飯沒有了，我……我不餓，我等媽回來再吃！」

掏口袋，祇有一張十塊的，遞給她：

「帶妹妹去橋頭吃麵去！」

「爸要不要吃？」

陽春麵一碗五塊，算了！可是這對大女兒還不能說。

「爸吃過了!妳們去吧!」

煩躁地在冷清的屋裏踱著，煙也沒有了，眞煩，越是心煩越是想抽煙。找找看，還好在抽屜裡找著半包發了霉的，管它的，點起一支，和著衣躺下，眼睛看看裊裊的煙縷升上去，還沒升到灰黯的天花板就消失了。

也不知是什麼時候睡著的，醒來時妻已經回來了，忙著在洗衣;大女兒在做功課;小的一個在唱歌，啃著她媽媽帶給她的一塊粗餅。喔!多麼容易滿足的小小的無知，喔!好空寥!妻進來，瞇著眼看得清她憔悴的黃臉，不想理她，只能裝睡，準知一開口就是嘮叨:家用不夠，菜攤上已經不能再賒了，孩子眞可憐，總不能讓她們挨餓受凍，天冷了，老大連件毛線衣都沒有，牌，實在是不能再打……。

妻很平靜，悄立著，一直在看著他，知道裝睡是瞞不過她的。

「國泰!」

「唔!」

「你知道人家叫你做什麼?」

「早知道啦!吳國太，佛寺看新郎!」

「不是，人家叫你做銹才，生銹的銹!」

銹才，生了銹的才，老趟和我是老銹才，小陳田葵是新銹才，眞不錯!

「國泰!」

「什麼？」

「我最後一次請求你，不能再打牌了，一錯不能再錯，衹要你不打牌，我們這個家還能有救……如果你一定不能改……那……我……眞眞的不能再支持下去了……我衹好去死，也衹有那樣你才會後悔……。」

什麼話，用死來威脅我，哼！男人連打個牌的自由都沒有？做太太的爲什麼不想想丈夫的苦悶，我不是愛打牌，我是苦悶妳知不知道？唉！說這些有什麼用？家不像家，孩子可憐，孩子的媽也眞是可憐！我吳國泰就是拿不起放不下，這一點不忍人之心絕改不掉，不忍心看到妻子走上絕路。好吧！戒賭，說戒就戒，下決心。戒了賭之後想辦法找份兼差，先還債，還完債就好了！不！先得替大女兒買件毛線衣，後天不是可以領那筆繕寫費了嗎？

隔壁的那老頭又在拉他的南胡，唱著：「我好比……」唉！那一聲聲眞像是拉著心弦似的，一顫一抖都是些抑悒悽涼。

（三）

領到繕寫費，八百元，小陳約去打牌，單身漢的家，沒有女人，四雄決戰，通宵，過癮！好！準六點見。妻也知道有這筆錢，不能回去，一回去準又是那付苦臉，一大堆牢騷，乾脆不見面，今晚上先玩了再說，輸贏都是這一回，最後一回，就算是戒賭的臨別紀念吧！經過橋頭，先來一碗牛肉麵，重紅。四點四十分，是大女兒放學的時候，等等看，她過來了，好大好重的書包，把她的背都壓彎了；手上還拎著帆布袋，裡面是便當、水壺、雨傘。今天便當裡不知道是什麼菜？反正好不了。她在縮著脖子走，煢然伶仃的小可憐樣，爲什麼老是抬不起頭來？家裡窮？太冷？制服裡沒有毛線衣。喔！毛線衣很便宜，聽妻說衹要一百塊，該替她買一件。說不定在附近就買得到，找找看！哪來的那麼多元宵，什麼節日？噢！是冬至，今晚是冬至夜。

冬至夜，全家吃元宵，熱騰騰的元宵，妻今晚不知道準備了沒有？也許她還有點私房錢，凡是女人都會存點私房錢的，不管她藏在哪兒都能找得到。一個奶粉罐，上回買煙沒錢，找到時發現裡面衹有二十塊……好慘！今晚不去小陳那裡了！買件毛衣，買些元宵回去，讓她們驚喜一下。回去！不回去！唉！小陳那裡不去也沒關係；不回家，不回家當然也沒什麼關係，反正她們總過得去的。算了！還是去小陳那裡，最後一次，戒賭的臨別紀念。

準六點到小陳的住處，田葵也來了，還差一個，三缺一。小陳說是一位姓劉的同事，不太熟，沒關係，約好了的，等等就來。好吧！既來之則安之，等著等著，直等到七點半，好小子，這姓劉的一定是個高手，教咱們等他一個，等得焦急，心浮氣躁，他準能一吃三。八點，姓劉的終於來了，介紹，握手，搬風，鏖戰開始。小陳怪他遲到，姓劉的說：

「橋頭那邊有一家出事啦，我去看了一下，耽誤了，對不起！」

「出了什麼事？」

「先生不在家，太太留了封遺書自殺了；兩個女兒出去找爸爸，小的一個又掉在大水溝裡，受了傷……。」

吳國泰有點心虛，住在橋頭，兩個女兒，先生不在家；難道是自己家裡？禁不住問：

「是誰的家？」

「不知道，我這單身漢跟他們有眷屬的都不熟！」

「結果怎麼樣？」

「母女兩個都送了醫院，小女孩大概沒問題，那位太太可不一定！」

小陳看出吳國泰在擔心，安慰他說：

「你不是剛從家裡來嗎？絕不會是你家啦！放心！」

吳國泰想告訴他，自己根本就沒回家，想想總該不會如此倒霉吧！橋頭住的三十多家，太太常鬧著要自殺的多的是，老黃家就是，他也是兩個女兒，準定是他家，昨天還聽到他們夫妻吵架的，沒錯。

冷在一旁的田葵直嚷：

「管人家閒事幹嘛，打牌打牌……」

今晚手氣不錯，第一圈就連莊，和了付大牌，吳國泰的精神一振，開始專心來經營面前的十三張。

心不在焉的居然是姓劉的，歎息說：

「那位太太的遺書看了眞叫人感動，她說不能勸丈夫回頭，就祇有一死，祇有她死才能使丈夫後悔，才能救這個家……」

奇怪，這些話很熟，好像是在哪裡聽過的。噢！是前天晚上妻說的。哎！難道她眞的做出來了。

「不知道那位丈夫有什麼錯？」

「多半是外面有了女人吧！反正絕不會是爲了打牌！」

小陳說得對，絕不會是爲了打牌，打牌是小事，用不著如此的。吳國泰暗自在分析；不會是打牌，一定是外遇，那就是老黃，不是自己。

田葵說個故事：有位仁兄不聽太太勸告，賭得傾家蕩產，這一晚在賭場出了怪事，骰子盒蓋硬是揭不開，大家都說有鬼。賭場管事老經驗，一個個問，問明了這位仁兄的情況，斷定他家裡可能出了事，吩咐賭場退錢，叫他趕緊回去，果然這位仁兄回家一看，太太已經上了吊。

姓劉的又說：

「橋頭的那位太太還留了遺書給她兩個女兒，說她對不起女兒們，祇是實在不能再支持下去了，祇好出此下策。兩個女兒是她的心肝寶貝，她是一面痛哭一面寫下遺書的，她已經肝腸寸斷……。」

吳國泰臉色鐵青，又是一句熟悉的：「實在不能再支持下去了！」不行，打完這四圈不打了，他們要怪就怪好了，最多贏的退還給他們就是，一定得回去看看，萬一……

「哈！放得好！」

心神不屬，牌都打錯了，放了小陳一個滿貫。

(四)

門鈴響……。

小陳起身去開門，三個人祇好停下來。

聽到門口的人聲，是老趙。

「吳國泰在不在？」

「在裡面！」

「該死！到處找他找不到，原來在這裡！」

「怎麼啦？」

「他家出了事啦！」

彷彿被人兜頭打下一棒，吳國泰感覺到一陣暈眩，搖搖晃晃地站起來，對面姓劉的惶然地說

「對不起，吳兄，我眞的不知道那是你家……」

跟蹌著離開時，還聽到田葵的喊叫：

「老吳，沉著氣，來得及的……。」

六六、四、十　中華副刊

教授之死

（一）

「死了！」

「誰？」

「蕭老師。」

「誰說的？」

「牢頭！」

班代表在衆多驚疑投射下站起來，聲音啞啞的：

「剛才因爲是考試，所以我沒宣佈。今天早上門房老趙來告訴我，蕭老師他……已經……去……世……。」

「什麼時候的事？」

「老趙說是昨晚上。……」

教室裡好靜，我們四十多個都在，四十多個泥塑木彫，彷彿誰都不願破壞這份沉哀。而一縷細微的低泣卻已忍不住迸發，那是辛雅蓓——詩做得最好，以前蕭老師常誇最有才氣的——。

「都站著幹嘛？我們去呀！」班上的黑旋風陡地一吼！

「去，咱們都去！」

顧不得下午煩人的訓詁學考試，大夥兒走出來，正下著毛毛雨，地上溼潤潤的。穿過那條小街，兩旁吃食店已在準備中午的營業，濃濃的氣味瀰漫；細雨迷濛，狹狹的街，熙攘的人群，熱熱鬧鬧的，昨天、今天、明天都是一樣。而我們，四十多個溫溫熱熱的年輕人，正穿過熱熱鬧鬧，要去看一具昨天還殘留著溫熱，今天已經冷卻了的軀體。

荒謬！眞是荒謬！

老師！你眞的就這樣去了嗎？

那小屋，容納不下這麼多人的，我得走快些，到前面去。原諒我自私，我眞是不能相信會這樣快！

六蓆大的違章建築，站進四五個人來就已顯得擁擠。系裏的荀助教先到，正指手畫腳地在跟一位學校職員說話，一看到我們就皺起眉頭：

「你們來幹什麼？出去！出去！」

這小子是出了名的狗才，吃硬不吃軟。對付他，牢頭最有心得，和黑旋風配合得很有默契地往前一站。牢頭的說話雖不激動，但很堅定：

「我們全班來看蕭老師！」

「不行不行！這有什麼好看，要看也該等到了殯儀館之後。」

「大家都已經來了，我們祇是要看看老師，和他道別……」

牢頭的聲音已有些沉痛，但狗才當然體會不出這份情感，仍在橫著三角眼直嚷：

「不行！不行！……」

門外的同學有的已按捺不住，喊著：「憑什麼不讓我們看老師？」「什麼東西，狗才！」

「叫他滾……」黑旋風的一雙大手揚起一擺，示意大伙兒安靜，冷冷地問上一句：

「怎樣麼？苟助教！」

和那鐵塔似的體魄一比，苟才顯然矮了半截，洩氣皮球似的向那職員求救：

「你看怎麼樣？」

職員點點頭，說：

「都是本校的學生嘛，祇要是不弄亂現場，我看也沒什麼關係……。」

牢頭立刻有了決定：

「我會吩咐同學們排隊進來，排隊出去，保證不弄亂這裏。」

「那很好，我這就去請人來驗屍，苟先生，我先走一步！」

職員戴上帽子，狗才很機伶，也想溜，對著牢頭說：

「余啓華，這裏就交給你了！我要去連絡殯儀館……」

牢頭叫我和辛雅蓓守在床邊，吩咐同學們排隊進來。一位女同學找來香燭點起，斗室裏開始有了燭光搖曳，香煙裊繞，衹是都很細小的，顯現著一份微弱的淒涼。

同學們一個個過來：肅立、凝視、行禮之後退去。沉默、凝重的沉哀，感覺得出人人心頭都壓著塊大石。辛雅蓓在哭著、抽泣著，我本想叫她別哭，但又想到可憐的蕭老師身邊沒有子女，我們就等於是他的子女；子女送終，哪能沒有哭聲？也罷！但願老師的陰靈不遠，還能聽到這些，也許這些能稍減他去時的孤寂吧！

斗室，還是這樣，從大二到現在大四，都三年了，還是這樣的霉暗，而長年孤寂蜷伏在這霉暗斗室裏的老師已然僵臥。單人床上，一條薄被蓋著，被很短，頭和腳都蓋不住。想起大二時老師介紹黔婁正衾的故事；那位齊國的高士，畢生奉獻付出，死時竟然衾不蔽體，學生們可憐老師，想把被斜著來蓋，而那位正直的師母卻凜然反對，說她丈夫生前從未做過不正之事，「與其斜而足，不如正而不足」。好悲壯！老師就是黔婁子，衹是不能如黔婁般有一位同道的妻子來送終，老師好孤獨！是否在說那故事時就已想到自己死後也會如此？是夫子自況，所以才能講得那樣悲壯、精采。

書桌、書架，和唯一的一張椅子都還在老位置。角落裏的一個電爐，上面的小鋁鍋正蓋著，我知道，那裏面一定是半鍋冷粥。多年來老師就是這樣，每天燒一次粥，餓了就吃幾口……沒有衣櫥，一口破箱子在床下，三件長袍，空盪盪地掛在牆上……屋裏人多，余啓華去開窗，風吹進來，蠟燭熄了，壁上的長袍飄動起來，淚眼模糊裏我彷彿看到那就是老師，他正向我們招呼，飄著衣裾，淒苦地說：

「我去了！我去了……。」

（二）

同學們都已回去，斗室裏衹剩下余啓華、辛雅蓓和我。辛雅蓓找來一床被單把老師罩住，記得在同學行禮時，老師的眼是睜著的，現在卻已經閉上，我問辛雅蓓，她說：

「是我請老師閉上的，我說：老師！我們都來了，所有敬愛著你，也被你喜愛著的都來了！看到了我們，你該可以瞑目了。以後去殯儀館，對著那些你不想看的人，你就不看也罷！我衹是用手輕輕一拂，老師的眼就闔上了。喔！老師……。」

到底是女的，辛雅蓓說著又哭了起來，我問牢頭：

「老師是怎麼死的？該不會有什麼意外吧？」

「一個沒錢沒勢的老教授，單身漢，誰又會來算計他？我想一定是心臟病，前一陣子我還陪他去過醫院，醫生說老師的心臟有問題，要小心……。」

辛雅蓓忽然恨恨地說：

「誰說沒有人算計他，我知道，老師正就是被小人算計，活活氣死的。你們記不記得上學期最後一堂，老師把講稿分送給我們，說他已經用不著了，我們是被他教的最後一班，叫我們留著做紀念……。」

是有這回事，當時我也分到一張，是李賀的詩，有「誰知死草生華風」一句的那首。我還記得老師教這首詩時眞是淋漓盡緻；他說李賀是個被壓抑得扭曲了的痛苦靈魂，他要把李賀所負載的沉重壓迫層層剝開來給我們看，透過時空把那個痛苦的靈魂介紹給我們。他教的課本來就深入精采，而那天更是精采中的精采。他走下講台來，衣衫飄飄的，全班所有的人都浸在他的藝術裏。當時我曾突然憬悟到老師就是李賀，他是在用自己的感情分析，怪不得如此深刻，這堂課也正如死草上的華風乍起，老師就是華風，是他把那些死草似的古典詩句講活了。

或許竟是老師知道我的心意，這麼巧分給我感受最強的一首。他說他下學年不教了，好可惜！聽說是我們系老板跟他過不去，要擠他，故意不排給他拿手的課，就連這僅存的一門也不准教。當時大家的心裏都很氣憤，偏偏笨得都不知道如何安慰老師，我們衹會傻傻地怔怔地看著老師，目送他煢煢離去，連一聲道謝都忘了說。

記得我們這些笨蛋在事後也曾作螳臂當車式的努力，透消息給下一班，希望他們去向系裏爭取。而他們才大一，正泡在郊遊、烤肉、土風舞的歡樂裏，他們沒上過蕭老師的課，沒有比較。他們班的女班長有一對靈活的大眼睛，額前有瀏海，一付稚氣未脫的樣子，一面聽我們說一面眨著長睫毛，後來她倒是去過系辦公室，回來後很輕鬆地告訴我們說：「系主任說下一年的師資陣容更要加強，教我們文學史的是一位博士，蕭老師是不錯，衹不過年紀太老了，而且又沒有什麼學位……。」

突然記起，這一學年開始，我們班曾經由牢頭出馬去向系裏要求再排蕭老師的課，牢頭回來時臉色灰敗，大家心裏明白準是沒指望，也就沒問。想必那就是關鍵了，我問牢頭：

「那回你跟系老板談的結果究竟如何？」

「辛雅蓓的話沒錯！」牢頭說：「系老板確是對蕭老師有成見，那天他一直說蕭老師年紀太老，沒有學位，我知道這些都不是理由，系裏如蕭老師的也還大有人在，我想努力說明這一點，祇是……祇是我說話的技巧不夠，搞砸了！」

「怎麼回事？」

「我說二三年級就祇有蕭老師的課叫好又叫座，每週我們就盼著上這兩堂課。當時系主任氣得瞪眼臉發青，我才知道說溜了嘴，二年級的文字學、三年級的聲韻學，不就是他教的嗎？」

「怪不得，」辛雅蓓說：「上週苟助教還說中文系各班都不錯，就是中四程度最差。當時有同學氣得質問他根據什麼這樣評量我們，他說這話是系主任親口向教務長說的。」

望著被單下的老師，心想他那微突的腹部，填滿的該是一肚皮的抑鬱吧！如今他已死去，如果真有靈魂，虛飄飄地該已不會再負載這些悒塞，所有的壓抑都留下，留下在這一具殘骸，刻在我們的心底。若干年後，或許我也能有機會在講台上以華風乍起之姿來剖析他，剖析他深深抑壓的層面，一如當年他剖析李賀痛苦的靈魂……，我說

「怪不得老師曾說學生們常把教師仰望成燈塔、成大樹，而燈塔、大樹本身都是不能動

的，永遠祇有付出。船隻航行，鳥群集散，看得到燈塔大樹的偉大，而看不到它們的痛苦不平衡，有誰知道燈塔內部的霉暗，大樹幹內的蛀枯……。」

牢頭另有意見：

「我以爲這些事傷害了老師，是他的死因之一沒錯，但還有另外的原因，長年的孤寂生活就是一項。他以四十歲英年逃難來到台灣，在這間小屋裏住了將近三十年，一直過著清寒的教學生活。雖說是個大學教授的收入也不很差，但他不會去兼課，時常掏腰包接濟窮學生，自奉極是淡泊，雖然有學生常來看他，但對於一位沒有家室、子女的老人來說，長年的孤寂實在是可悲……。」

「唉！好多個從大陸來台的人都結了婚，蕭老師也眞是的，爲什麼不……。」我的話沒說完，就被辛雅蓓打斷，她說：

「我知道老師爲什麼不結婚，他是一直忘不了、放不下過去，一直在懷念著死在大陸的師母，還有他的女兒。」

雅蓓指著書桌上的鏡框，那是一張發黃的照片，一家三口，年輕的蕭師母抱著個小女孩，小女孩圓圓的大眼睛好清、好亮。

(三)

「辛雅蓓，老師說過妳很像他的女兒是不是？」站在窗前的牢頭說：

「不很像，老師衹是說我的眼睛像她。」

看照片上女孩的眼，看辛雅蓓的眼，好清澈好明亮的，老師的那雙溫和誠懇的眸子又清晰浮現。一年前的一個寒夜，我們班上四個同學來這兒包水餃，屋外狂風呼嘯，暴雨打著這違章建築的頂，嘩嘩作響。那晚，老師的興緻很好，喝了一點酒，向我們談起他的家鄉。

那是洞庭，春夏水漲，周圍七百里的大湖，我們衹能在地圖上看到的成綠色的一塊，而老師的敘述，就那樣親切地把他的水鄉從萬里以外拉近。他的語聲那樣感人，像是沉醉於夢寐裏的一支悲涼豎笛悠悠奏起，像是他敘述中小港汊裏柔靜水波的盪漾。

古老的小城鎮，街道都是窄窄的，舖著一塊塊青石板，落雨天，穿著雙高蹺釘鞋走在那上面篤篤地響。你可以慢慢地走，不怕被車撞著，因爲除了牛車以外什麼車都沒有。沒有紅綠燈，當然也沒有交通警察，衹是隔不多遠就有一座牌坊、紀功坊或是貞節坊，摸起來冰冷冷的，有些牌坊下面還蹲著石獅子，孩子們就騎在那上面吆喝著做打仗遊戲。那古老的城樓，鏤刻著古老盛衰的城堞，登臨望遠，但見一片波光浩淼，點點帆影啓航漸遠……。

住著的磚屋，泥牆上偶或有一棵青草茁生，青蛙時常跳進屋來，茅草的頂，秋夜裏吟哦，木框紙窗外風葉響起的秋韻，聽雨；有時如金戈鐵馬冪天席地而來，有時點點滴滴如斷續的嗚咽，而沙沙的微響，那是懷著梧桐子的老葉飄墜。

門前的池塘，晴日裏是村姑們浣衣的所在，家養的魚很肥，抛一點食物就能引它們潑刺跳起，朝陽裏看魚鱗閃閃發光。平常孩子們在塘邊嬉戲，大家比賽來放雞毛船，小小輕輕的雞毛，隨著輕風昂然駛遠。一艘雞毛船代表一個童稚的希冀，長大後離開這池塘，去浩淼的洞庭，去浩蕩的長江乘風破浪，去北方看滾滾黃河，甚至去新疆，去東北，去看莽莽蒼蒼的大草原，浩瀚無垠的大沙漠，天山皚皚的白雪，黑龍江濁浪的咆哮。

晒穀場是孩子們的王國，冬天裏一夜北風，雪堆得好厚，孩子們穿著棉襖棉褲棉鞋，戴著絨帽，分成兩隊來打雪戰。先堆起個雪人來做掩體，躺在雪人背後丟雪球，臉上頭上，常被拳頭大的雪球丟中，不太痛，可是砸碎了的雪順著脖子往領口裏流，眞冷，得趕緊去抹開，可是就分不出手來抹，一停下來，就會又挨上迎面擲來的一塊。

還記得有一棵樹，枝椏彎彎的，像是一隻手在招引，招引招引，唉！也許它現在還在招引，而昔年凍紅雙頰歡笑著的童伴們呢？早已勞燕分飛，經歷了半個世紀。不！都快一甲子了！南來者已垂垂衰老，那些童年的伙伴，也當如此一般衰老，或許他們曾經越過洞庭，去到長江、黃河，馳騁於草原廣漠，白山黑水，以壯盛之年死在戰場，無定河邊之骨，仍縈迴於每一度春閨夢裡的輾轉。

「老師說，他常注視小女兒的照片，看她的眼睛，那眼裏有他的故鄉。」

辛雅蓓幽幽的聲音像是從好遠、好遠的時空飄來。是的，記得那晚老師所說的，他是那樣熱烈、深切地懷念著他的水鄉，難怪在文學史上讀到南宋詞「年年看塞雁、一十四番回」時，老師會禁不住激動而熱淚紛洒，連聲音都變了。記得那時候整個教室好靜，我們全都被他的悲愴之情感染，心頭像是正壓著塊大石，呆呆地聽他吟著：「夢回遼海北、魂斷玉關西。」是啊！我們都是來自那一大片海棠葉形的故土，即使我們自身不是，那也一定是我們的父母、祖先生長的根源，血脈相連的根啊！叫我們如何能忘？何時我們才能打勝這一仗回去？等待令人焦躁。老師來台灣已經二十九年了，二十九年度黃花凋盡，落葉覆蓋，流浪者懷鄉的淚已可使洞庭洶湧，可是！故鄉還祇在流浪者的夢裏縈迴。祇有在魂夢之中，才能飛越關山，去到遼河之北、玉關之西。小女兒的眼睛明澈，一如晴日裏明澈的洞庭；而雨雪霏霏的洞庭呢？正在老師昏花的淚眼，憶念啃嚙著凄苦的心底吧！

「那小女兒死了，死在一次逃亡裏，她才五歲，正病著，發著高燒。老師抱著她滾燙的小身體，漸漸地覺得她涼了，還以爲是燒退了，想不到她已經悄然氣絕……。」

雅蓓的聲音還是那麼幽幽地飄忽，余啓華問她：

「後來呢？」

「老師把她埋了，就用他自己的雙手，在一棵樹下刨坑，刨得不很深，老師的手抖得厲害，他捧起泥土掩蓋那具冰涼的小身體，等到全部蓋密，他以整個身體去抱緊那小小的土堆，就像那小小的，曾經溫熱、活過的親人骨肉還在他的懷裏……。」

「蕭師母呢？」

「比她的女兒死得更早，死在北方的一座小城裏。老師說：那時他們家的院子裏有一棵老榆樹，圓圓的榆莢常在夜風裏洒下，那就是『舞困榆錢自落』了，老師常夢想著有眞的錢洒下來能醫他妻子的病……。」

「來台灣之後，他最怕在夜裏失眠，萬葉千聲都是愁恨，他常常呆呆地在夜裏出來尋落葉，想找一片梧桐，或是一枚榆錢！」

唉唉！老師啊老師！你竟然一直負載著這許許多多腐心的憶念，你的妻女、你的故鄉，以及你人生路上每一次顛沛的淒苦……老師！它們就是一直在長伴著你，招引著你，催促著要你早逝的吧！

(四)

驗屍的結果老師是死於心臟衰竭。

荀助教指揮著把老師的遺體運去殯儀館，他彷彿換了一個人似的，眉飛色舞，和上午皺著眉一付不耐煩的樣子大不相同，他對我們三個說：

「校方已經決定要隆重辦理喪事，明天上午召開治喪委員會，校長親自擔任主任委員，系主任總幹事，我擔任秘書。你們知道，校長和主任都是忙人，這實際負責的人嘛，嘿嘿！當然就是我。上面已經有原則交代下來，務必要辦理得熱鬧風光，以慰蕭老師的在天之靈……嗯嗯！這本來也就正是我的意思，蕭老師畢生從事教育，作育人才，功在國家……一定要風光風光，要有什麼榮？喔！對！要有哀榮，主任已經交代了我，多用點錢沒關係，奠儀不夠學校跟系裏都可以補助，正好系裏的錢就是我管，我可以靈活運用。」

眼看牢頭跟雅蓓兩個聽得直撇嘴，我知道他倆心裏想的一定都跟我一樣，這狗才，又抓著撈錢的機會了，怪不得他一高興連尾巴都翹了起來。我們三個沒興趣聽狗才亂吠，要走，卻又被他攔住。

「別走！別走！」

「有事嗎？」牢頭問他。

「當然有事，主任交代的，蕭教授的大作要整理出版，什麼風雨……嗯嗯！風雨名山之業，不可不流傳千古。我們要組織編輯委員會，主任是召集人，我是總幹事，你們懂不懂？現在就請你們三位開始收集，這屋裏蕭教授所有的文稿，祇要是他寫的字統統都要，拜託拜託、幫幫忙，本來該由我親自動手的，祇是我太忙，現在就得去籌備明天開會的事。」

「我們還沒有吃飯哩！」雅蓓說。

「沒關係，你們就去附近吃，先墊著，以後報公賬，沒問題，我負責！」

「下午還有考試。」要不是牢頭的一句話提醒，我幾乎給忘了。

「好吧！你們先收集收集，帶回去，考完了再整理，明天早上交給我，就這麼辦，拜託拜託！」

晚上，和牢頭、雅蓓兩個整理老師的遺作，又想起老師在介紹李白的時候談起作家生前的蹭蹬與死後的享名。那一次他舉了好些例：當沈三白「浮生六記」的手抄本在冷攤上發現，作家早已蹭蹬而死，連死在何年何方都不知；曹雪芹流著痛淚寫他的紅樓夢，寫到除夕，「書未成，芹爲淚盡而逝」；愛倫坡的生前貧病交加，經常痛苦昏迷瀕臨死亡的邊緣；天才的濟慈只活了廿六歲，有如一顆晶瑩的淚珠，在世界冰冷的臉上悄悄流過。

這些作家，留下不朽傑作深入人心的作家，當他們生前，何曾想到自己死後能有榮名。儘管作品能震撼後世千萬人心，對於桐棺三尺，甚至連棺木都沒有，祗能有一坯黃土青青墳草的死者，生前從未聽到過讚歎，從未肯定，從未享飲到一滴生命甜酒的作者，那死後的令名究有何補？不也是可悲的空寥。

而在亙古芸芸衆生之中，還有著如恒河沙數的痛苦經魂，他們連片言隻字都未曾留下，或是留下竟未被人發現，他們都已悄然物化。老師說，想必在他們生時已曾用各種藝術喊出痛苦，而那些，有如天際殞星的一閃，有如短促的溪流滲入泥土，都已消失在廣漠的人世，留下的也祗是空寥的無言之悲。

翻著翻著，翻出了我的一篇作業「陶淵明的隱遁天地」，記得這一篇曾蒙老師讚賞，經他改過之後，令我重抄一遍交給他。他說要向系裏推荐發表，其後沒有下文。想不到現在發現，上面有紅筆註著的「不合，退稿。」龍飛鳳舞一看就認得出是系老板的手筆；下面還有一個墨筆字。是老師寫的，一個「唉！」字，連著個扭曲了的驚歎號。

老師啊老師，都是我這做學生的不好。連累你受氣。一個「唉」字道盡了你胸中的悒悶。唉唉！老師啊老師！請你別難過，連我這做學生的都不難過，道不同不相與謀，我們是不必生氣不必難過的。

那天去老師處交抄稿，老師特別爲我分析陶淵明；從屠格涅夫的「父與子」談到陶淵明的「桃花源記」，老師說那是陶淵明以自我的智慧消融他人生的悲苦，從而構築成功的仙境。雖屬是烏托邦，卻啓示了人類最大的愚蠢是在自以爲聰明能幹，妄想以自己的方式去勉強他人接受，美其名是服務，其實正是以統治權力的行使來滿足他自私劣性的衝動。他說話的時候眼裏泫然一片，我知道，在那一刻他必然又已神遊於他昔年洞庭湖畔，近似桃花仙境的水鄉。他是多麼地盼望那些虛僞自私者的野心劣行消滅，而使那片水鄉能回歸到原本的寧靜恬然啊！

從「桃花源記」談到作者的創作意識，那近似大自然自由生活的理想，老師說：「明知在現實裏那是不可能的，但那一點遙遠而不可及的飄渺的星火啊！竟總是在我的夢想裏閃耀……。」是啊！老師！理想的桃源經由智者構造塑造，它的存在雖屬虛無，但卻引得我們凡愚者在夢魂裏輾轉企盼。

牢頭跟雅蓓都同意我留下自己的這篇，牢頭說：

「就算老師的遺作出版，我相信也絕不會引起什麼轟動。」

我和雅蓓都有同感，雅蓓還說：

「老師著作的價値被肯定或許要等十年之後，現在的讀者還停留在欣賞三角戀愛、雲呀、風呀、風鈴呀等等的鴛鴦蝴蝶派的軟性文學，他們的半票資格有待時日去改進提升。」

(五)

蕭老師的喪事之後，一連好幾天我都睡不好。

殯儀館的那些鏡頭眞噁心，系老板不斷地對人說：

「他是我的同窗學長，四十多年的老朋友。」

「奇才，眞是人間瓌寶，可惜天不假年！」

「他教的課跟我一樣，都是叫好又叫座，學生們每週就盼望著上這兩門課。」

一面說一面拭鏡片，天曉得他是在擦汗還是眞的有眼淚。黑旋風說他沒想到咱們系老板還會做戲，他準備建議話劇社下學年請我們系老板擔任指導。而我又看見系老板拉著系裏的一位教授，指著自己做的輓聯叫他看，聽說這位教授是╳╳大飯店的股東，我正擔心他可能連上下聯都分不清，聽出系主任在蓋他：

「怎麼樣？可算是文情並茂吧！雖左季高輓曾滌公也不過如此！」

「眞好，眞是太好了！」

「咳！想我九歲開始做文章，多年的歷鍊嘛，一副輓聯祇不過是彫蟲小技，眞是游刃有餘，游刃有餘，要是落到後輩們的手裏，那就難囉。」

「主任，蕭公這一死，他擔任的課——。」

「當然是老兄優先囉！」

「謝謝主任，謝謝主任！」

「咳！自己人，還用得著謝嗎，不過你那家大飯店酒席，少不得要再叨擾幾次囉！」

「那當然，那當然！」

「哈哈——」

兩個人笑得很響，系老板最機伶，笑聲陡地戛然而止，一臉嚴肅地去擦鏡片；那位股東教授慢了一拍，等他驚覺時笑容倏地凝凍，顯現的是精采的尷尬。

最叫人噁心的是狗才，教授堆裏他混不上，也不敢去擠，就老在次級的人群裏窮蓋：

「蕭老師是我的恩師，我之所以能有今天的成就，蕭老師對我的提攜鼓勵最大。」

「大二時他教我，對我的詩特別欣賞，說我有才，像曹子建。」

「老師的死我眞是如喪考妣！」

「系裏準備要把蕭老師的遺作出版，由我負責編纂，老師的手稿衹有我最熟悉。有事弟子服其勞嘛！我是蕭老師的得意弟子，當然義不容辭要來繼承老師，完成他的遺志，雖然我很忙，但我絕不推辭……。」

殯儀館一廳的烏煙瘴氣眞難受，辛雅蓓說得對，老師的眼闔上了，眞該替他在耳朵裏塞點棉花的，聽不到一切蚊蠅之聲他才能清靜。望著靈堂正中的遺像，那是他中年時的一張，很英挺的，炯然的雙眼與微翹的嘴角顯得有一股傲氣，一絲不屑，眞對！眞合適！我忽然覺得，老師正在以冷然不屑看著這一廳的熙攘。

好不容易輪到我們班行禮，行完禮出來等著發引火葬，一具飽受擺佈的遺骸終於在轟然烈燄中解脫。

老師的骨灰寄放在廟裏，我知道，以後除了我們學生，不會再有人去看他。老師的退休金，系裏本說是要用來設置獎學金的，後來聽說是不設了，因爲喪葬費透支太多；遺作出版也不提了，偶爾有人問起狗才，他總是以一付緊皺眉頭不耐煩的樣子說：

「這件事正在研究，嗯嗯！正在研究！」

就這樣，如老師生前所說的，他是個連片言隻字都未留下的一粒恒河沙石，一顆閃過天際的殞星，一道短促消失的溪流，存在時既不輝煌，死後也少有人記憶。祇有我們，永遠在懷念著他、仰望他、嚮往他如燈塔、如大樹，儘管在他生前，我們已知燈塔內壁霉暗，大樹已被蛀枯，如今燈塔已頹，大樹已倒，但他存在時的精神力量，仍如寒夜流星之突明，急流奔瀉之騰躍，鮮冷地、深切地永遠嵌在我們的心底。

六六、十、一、二　中華副刊

訊號

（一）

遲了一步，我趕到醫院時已經遲了。

家威是在夜總會找到我的，一個單身的年輕女人，穿著一身艷裝，正在放浪形骸、喝酒跳舞，突然間他衝過來告訴我：

「岳磊車禍重傷，已經送了醫院，快去！」

「噢……。」

當時我正在跳舞，對方是誰？不大記得了，彷彿是個高高瘦瘦、很帥、很體面的中年人，他的舞跳得很好，被他輕輕地帶著，飄飄地眞像是在雲端裏。我沒醉，踩在雲裏的感覺絕不是醉意，這一點我很能確定，我記得很清楚，我擱在對方肩上的一隻手當時正端著個酒杯，有酒的，酒一滴都沒溢出來，就憑這一點可以證明我沒醉，當然也可以證明那位男士的舞技精湛。

隨著我那一聲驚呼，酒杯潑翻，血色的汁液自他淺色西服肩頭流下，很醒目的，像是他體內突然迸出的鮮血。

他愕然鬆手，一旁的家威連忙解釋：

「這位是岳太太，她丈夫剛才車禍……。」

「沒關係！」

眞是個有教養的紳士，絲毫沒有惱怒，靜靜地掏出條白絹來擦他身上的血汁。惱怒的是我，家威，你這是存心掀我的底是不是？岳太太，一位太太，在這裡喝酒跳舞，而她的丈夫剛才車禍……你是存心出我的洋相……。

當然來不及換衣服，就這樣一身艷裝的被家威拉著，踉蹌趕去醫院，在車子裡家威問我：

「曉紋，妳醉了嗎？」

「我沒醉，阿磊……他……怎麼樣？」

「撞得很厲害，我來找妳的時候，醫生正在急救！」

「到底怎麼樣？」

「很難說……。」

不再問，心裡亂糟糟的，祇能抱著份萬一的希冀：「阿磊！請你等著我，無論如何，請你等我，等我趕到你身邊……。」

這一份希冀存在很短，一進門，從衆人望著我的眼神裡就已說明了一切。

我來遲了！

懸著的心如鉛石般陡地一沉！

走過去，我知道衆人的眼光裡一定全是遣責，那是爲我這一身濃裝，華服上綴著的閃閃亮光，甚或他們還會嗅到我呼吸間的酒氣。

請你們不要這樣看我，我眞的不是有意的，我祇是來不及換衣服。這刻的我，不是如你們所想像的一個醉酒放蕩的妖嬈婦人，煙視媚行地在侮辱死者，我確是以淒哀的沉重在走向我心愛的丈夫，最後一次，最後一次去親近他。你們不懂，阿磊他一定不會恨我，祇要阿磊了解就好，你們不了解、誤會、那都不重要，你們是外人，我跟阿磊的天地裡沒有你們，請你們走開好不好？

阿磊平靜地躺著，眞快，一個壯盛的生命就這樣去了！他的頰還有點溫熱。阿磊！你是不能就這樣去的，無論如何，你還得看我一眼，對我說一句道別的話，就算不能說也不要緊，我祇要你再看我一眼，我會了解到你許許多多要說而來不及說的話。阿磊！你一定會了解這種重要性的，你先走了，我還活著，你必須留下這最後的一瞥給我，好讓我刻著它在心底，仗著你留下的愛來生存啊！而且，阿磊你也得再看我一眼，看我最後一次深情地注視你，把我全部的愛，整個的我都傳送到你的眸攝裡，確信我永永遠遠深愛著你，然後，在這份確信肯定之後，你會無憾而恬然地去了，甚至還能減少你大去時的痛苦吧！我還記得那次你摔傷了，掙扎著回到我懷裡來，我細心地爲你洗滌、包紮，問你痛不痛？你說：「不痛！好舒服！」我知道，傷口不是不痛，而是我的溫愛使你安慰，使你忘了痛楚的，喔！阿磊！你知道不？我眞的願意爲你付出，爲你做任何事，祇要你高興，但是現在……。

居然我什麼機會都沒有了！

我很尷尬：家威、彩珠、溫美、鳴珂，都在這屋裏，都在我身後冷冷地盯著我。我，剛死了丈夫的，不能不哭是不是？我眞想痛哭，可是我又不能哭，我眞怕他們誤會。我跟阿磊婚後的吵吵鬧鬧他們都知道，他們會以爲我不愛阿磊，我的哭是裝出來的。如果祇是這樣，那我也認了，更不妙的是他們會以爲我是因愧疚而哭，以爲我在自責，天曉得我是有自責愧疚但絕不是如他們想的那樣。可是叫我怎麼說才好？他們是外人，不會懂的，我根本不必對他們說的是不是？讓他們去誤會好了，我不怕！我祇希望他們快快走開，好讓我抱著阿磊痛痛快快大哭一場。可是我又說不出口，我不說，他們當然不會走；不但不走，而且還在我身後冷言冷語。

是溫美在問家威：

「在哪裏找到她的？」

「夜總會。」

「哼！這一身打扮，眞精采，可惜岳磊沒福氣欣賞。」

聲音不大，但我確知溫美是有意要刺戮我，我眞想站起來罵她：溫美，妳知道我跟阿磊昨天吵了架，對！我是去了夜總會，去找麻醉，不錯！怎麼樣？就憑這妳能誣蔑我？妳自己心裏有數，妳一直在跟我爭阿磊，阿磊娶了我妳還不服氣不死心，現在他死了，妳爲什麼還要來折磨我？

「該後悔了吧！哼！祇是後悔得太遲了！」

我忍不住了，想要爆發了！可是家威、彩珠這對夫婦見機得很，家威在警告溫美，叫她少說兩句；彩珠把我扶起來，說：

「我陪妳回去休息，這裏的事，讓家威他們來料理。」

溫美不放過我，還要射我一箭：

「眞該休息，喝醉了，又跳累了，眞該好好休息休息……。」

我眞難受，剛要開口又被鳴珂攔住：

「這一包是遺物。」

接過來，我問他：

「阿磊有什麼遺言沒有？」

「好像是說過幾句話的……。」

「他說什麼？」

「我沒聽見，是對彩珠說的！」

「彩珠！」

彩珠在跟家威商量事情，沒注意我在喚她，我很焦急，急著要知道阿磊臨終前所說的話，那，那一定是他托人傳給我的訊號。

「彩珠！」

「什麼……。」

「阿磊他……他對妳說了些什麼話？」

「噢！沒什麼！」

「那一定是他給我的訊號，到底他說的是什麼？」

「什麼訊號！胡言亂語罷了，我也沒聽明白，那時候他已經神志不清了……。」

(二)

一袋咖哩餃，一件粉紅色女睡衣。

阿磊，我知道，這些都是你帶給我的；你知道我愛吃咖哩餃，特別去買給我吃；還有這件軟綿綿的睡衣，喔！我知道，我完全知道你的意思。你一定是跟往常一樣。和我生氣之後，原諒我的無理取鬧，寧肯受著委屈，帶著這兩件衣物回到我身邊來和我和好。我就知道你一定會回來的，你也知道我一定會接納你的，這一切都已經是習慣了。

是你買了這兩件東西，趕著回來，趕得急了些，所以才……喔！阿磊！這情形跟那一次一樣，你是在回家途中彎去替我買咖哩餃才摔傷的，我嚇呆了，緊緊地抱著你，把你擁到我懷裡，替你洗滌包紮……這一次也該一樣吧！阿磊！我在等著你，快回來好不好？祇要你回來，我一定答應，這次換我向你主動妥協。我都想過了，夫妻間還用得著擺什麼架子，吵了之後你向我道歉，我向你道歉還不都是一樣。記得我們看慾望街車，那莽漢氣走了他的妻，在大雨裏狂喊，他的妻子從鄰居的樓上下來，兩個人就在雨裏相擁。你對我說這鏡頭好感人，我白你一眼，其實阿磊，我也和你具有同感，祇是我太傻，老想著該矜持些，莫要養成你的驕氣。唉唉！阿磊！我的親丈夫！我好後悔，我一直在想該改改，這次我決心要改了，我都已經準備好了。我在等著你，就等在門邊，門一開，我就會帶著喜悅的微笑，渾身香噴噴地出現在你的面前，不必等你來抱我，我會先抱著你親你。去他的什麼矜持，簡直是廢話，我祇要你，祇要能被你的臂緊擁著就好，我當然知道你愛我，你也知道我祇愛你一個，這樣就足夠了，你不會笑我的，我早就該對你說這些，對你做這些的……。

等著等著，準備著，微笑著，伸張著雙臂，我在等著你，阿磊！

門不開，驀地驚覺，你不會回來，你永遠不會回來了！阿磊！啊！不！不！我不要，我眞的不要，我不要你死！

門關著，微笑凍結，雙臂環抱，我抱著的是無窮盡的空虛。

倒向床，抓到阿磊的一件內衣，把它蒙在臉上，是昨天阿磊脫下的，剛吵過架，賭氣不替他洗，一件汗背心，有著濃濃的氣味，阿磊的氣味，熟悉的，我的親人，丈夫的氣味。

記得那一篇小說，女人愛的是個船員，使小性子氣走了他，以後，春閨裏孤寂的她就保留著一件汗衫，嗅著嗅著，窗前佇立，癡心地等著他回來。縱然那汗衫的氣味會漸淡，混合著女性的粉淚氣味將會混淆，但那男子還活著，活著就能有回來的希望。

曾爲這故事感動，但卻忽略了警惕，現在，一切都太晚了！內衣上的氣味將逐漸淡失，它不能代表什麼，阿磊，永遠不會回來了，他已經死了！

我痛哭，嗅著內衣的氣味，有如伏在阿磊他寬厚的胸前，在我丈夫的懷裏，痛哭我的悔恨！

門鈴響起！

已經深夜了，會有誰來？是阿磊嗎？眞會有奇跡？不泯的陰靈眞能在我精誠召喚下凝聚它的飄忽，飄盪著歸來了？我不怕！祇要是他，不管是人是鬼，我都不怕！

跳起來開門，一個黑影冷然屹立。

是溫美！

(三)

「這麼晚了你還來！」

「忍不住好奇嘛，我要來看看，一個兇手在殺了人之後的情形是什麼樣子？」

「溫美——妳——。」

「我怎麼樣，說得過份了嗎？我就不信妳能不能想，好端端的一個健壯男子，走在路上怎麼會被撞？那是因爲他失魂落魄，爲什麼他會失魂落魄，那就是因爲他有個好太太，就是妳……。」

「不！不是這樣……。」

「是！就是！撞死阿磊的兇手有兩個，直接的是那闖禍的司機，間接的是妳！」

我……眞的是我？我眞的是兇手？

「妳不是急著想要知道阿磊臨終前所說的話嗎？」

我知道溫美說的絕不是我願聽的，甚至不一定是眞確的，但我急著想知道那訊號，但願溫美能公平地把訊號傳送給我。

「這是他說的，妳聽著，聽清楚：他說：『你們會看到曉紋後悔，她終於會後悔，祇是太遲了！』他又說：『告訴曉紋，我恨她！』……。」

「不！阿磊他不是這樣說的，他絕不會……。」

「不會，眞的不會？曉紋，妳想想看，阿磊他一直在忍受著妳對他的折磨，目的是在期待著改善，忍著等著，等到現在他重傷將死。他的希望已再無實現之可能，死是一種解脫，解除了他的束縛，一個將死的人，總該有權喊出他內心的痛苦吧！」

噢！阿磊，難道你眞的這樣說了，不會吧！果眞是那樣恨我，怎會去買那件睡衣？

如果說死者是痛苦的，他畢竟是已經帶著痛苦走了；而我這生者卻得不到麻木，我的痛苦流露在臉上，供那坐在對面的溫美快意欣賞。

溫美吸著煙，盯著我看。我知道我完了，我將被罩在她的煙霧裏，罩在她冷峭銳利的眼光裏，帖然承受她的切割。奇怪，我居然連逃避反抗的本能都已失去，我這是在自虐，以自虐的帖然來承受她的虐待，我是在尋求什麼？尋求那份被虐痛楚之後的快感？

自虐、被虐者祇有沉默，在沉默裡咀嚼被鞭笞的滋味。

「阿磊一開始就錯了，由於他是孤獨一人從坎坷裡磨練成長的，他的習慣是付出而非獲取。習慣扮著兄長，扮大樹，讓人來依靠。他對妳一直是這種心理，縱容著妳，把妳給慣壞了……而妳從來就不曾替他想想，妳祇是一味奢求而從不付出，妳一直在做不必要的矜持，妳多疑、固執，自以爲是，不斷地吹毛求疵，吵鬧、折磨他，使他痛苦。而他一直在對妳忍讓，縱容著，直到養成了根深蒂固的習慣，於是惡性循環開始了，他越寵妳，讓妳，妳越是自以爲是，得不到冷靜檢討的機會，妳就變本加厲地苛求他，虐待他，使他更痛苦。」

她這第一鞭就抽得很準、很深。祇是我記得，我也曾有溫柔對待阿磊的時候，甚至於使他感動得流淚，當時他說：「我從來沒有享受過這種溫暖甜蜜，我這是不習慣！」當時我祇覺得他怪怪的，卻忘了去探究原因。

我想告訴溫美這段經驗，但突然又覺得十分軟弱。

「你們兩個的關係一直是嚴重的錯置，彼此都不介入，他的縱容、逃避和妳的固執的施虐，在你們之間變成了錯誤隔閡的鴻溝，你們努力挖掘這溝，越來越深，惡性循環越演越烈，不平衡的痛苦愈來愈大！」

記得阿磊跟我分析過嫦娥奔月的意義，嬌妻型的嫦娥愛她的丈夫，也知道丈夫愛她，但就愚昧得不去介入她的丈夫而與他融爲一體，每當那戰鬥疲困的丈夫自外歸來，渴求妻子給予溫柔的體貼鼓勵之時，自囿的嫦娥把她悒積的疑懼、怨怒、自憐，一股腦兒迸發潑向后羿，使他無奈、痛苦。當她傻得竟然吞下仙藥獨自飛向月宮之後，做丈夫的回到家裡，失望憤懣地開弓射月，悲憤地喊出：「妳爲什麼永遠不能了解我！」

嫦娥應悔偷靈藥，碧海蒼天夜夜心，月宮的孤寂是嫦娥自築的懲罰，我和她一樣，我是嫦娥，嫦娥是我。

「阿磊跟我說的，他受不了妳的疑懼吵鬧冷漠，祇好向外努力去謀事業的發展，他的事業很成功，但每當他在外面痛快淋漓地發揮長處，獲得肯定之後，他還是必須回家，回到北極來看妳的一臉冰霜，在內在外，他就是這樣生活在嚴重的不平衡之中。」

「阿磊又說，他爲了妳而變得萎縮，在外面的時間稍長一些他自己就會擔心，怕回來時妳會疑心不悅。他的自我不但是改變甚且是已經喪失，在群衆裡他漸漸變得孤僻，變得不敢熱心助人，怕見人也怕做事！」

阿磊，你知道我這祇是嫉妒，害怕失去你，我祇是在撒嬌，你應該知道的，你不該去向溫美說，她是外人，你怎麼可以跟她說這些？

我知道泰戈爾那詩句的意義：「朋友！我不要求你進入我屋裏，你且進入到我無邊的孤寂裡來吧！」阿磊，我想過，眞的想過，我要介入你的生活你的事業你的思想，我們的家該像個藝術沙龍，高朋滿座，我要做個人人滿意，尤其是丈夫驕傲滿意的女主人，我要助你在人群中盡量發揮，使你肯定，平衡。想想看：在我們家賓主盡歡的和諧氣氛裡，我會打扮得美麗，溫柔微笑地偎著你坐，用我充盈著愛和讚許的眼光看著你，給你自信使你安慰幸福快樂甚至驕傲……喔！阿磊，我眞的想過，而且我就要開始做了。

「阿磊說過好多次，說他痛苦得受不了，騎著車在路上狂駛，眞想衝到深溝裡去死掉或者重傷。他說過總有一天妳會明白這些，妳會後悔，就在他死了或是重傷殘廢之後。」

阿磊，你怎麼可以這樣說？妳怎麼可以對溫美這樣說？

「阿磊還說妳故意折磨他，躲避他，拒絕他，厭惡他，他，一個正常健康的男子，得不到平衡，時常自慰……。」

喔！阿磊，你怎麼連這種事都跟溫美說，你該不會是愛她吧！她的溫柔是故意裝出來討好你的。我是太倔強，但絕不是不懂得溫柔，以往你也曾確切地享受過我的溫柔嗎？我們雖然時常吵鬧，但也有過好多好多恩愛的日子，你怎麼能對她這樣說！難道你眞的愛她？同時愛著我跟她兩個？我知道愛有多種，可以同時對不同的人施愛，但，阿磊，愛情不一樣，愛情一定是自私的，否則那就不堅固不眞不美，不算是愛情了。你怎麼會這樣？眞是不平衡嗎？讓我想想，對！我眞該多想想的，我自己也是如此，不平衡時就會做得出來，和你吵了架，我也會盛裝出遊，嗚珂那傻小子常會利用這種機會來接近我，我居然也會讓他陪我逛街，我會挽著他。喔！阿磊，我們這是在幹什麼？我們都錯了，爲什麼我直到現在才發現。

「現在妳該後悔了吧！嘿嘿！祇是太遲了，妳已經傷透了他的心，他恨妳，他臨死前說的就是他恨妳，沒錯。」

「妳眞的聽到他是這樣說的？」

「聽不聽到都沒關係，他說的一定是這一句。」

「他一定不會這樣說！」

「算了吧！曉紋，阿磊他對我說過，他之所以一直讓著妳，絕不是因爲妳是對的他是錯的，妳一直不肯承認妳的錯，他祇是不忍心揭穿妳，一直忍著、讓著妳，爲的就是他那種不忍人之心……。」

「那不是什麼不忍人之心，那是他愛我。」

「愛妳！笑話！妳自己也不想想，妳把他折磨成那樣，他怎麼還能愛妳？今晚上我是來幫助妳的，妳眞該檢討認罪了，阿磊的死，妳是間接的兇手，祇有妳自己認了罪，妳才能心安。」

這就是溫美今晚的目的。可是我確實知道我自己，我並不是想要掩飾逃避，我是有錯，但絕不是如溫美所說的那樣，而且我確信阿磊他絕不會恨我。我要肯定這一點，要有證據，我能有什麼證據呢？那件粉紅睡衣。

「妳該認罪了吧！妳想知道阿磊出事之前在哪裡嗎？」

「在妳那裡？」

「對！所以我敢說，阿磊死時的心情祇有我最清楚。」

喔！受不了，我已經被她逼到邊緣，我已快崩潰，什麼都把握不住，眞想乾脆做個絕望的囚犯，在她設計好的罪狀上畫押聽她宣判聽她宰割……祇是那一線微渺的信念還在遊蕩著，那件粉紅睡衣……。

「他在妳那裡的時候，有沒有帶著一包東西？」

溫美想了想，說

「一包東西？好像沒有，我記得他是空著兩手，焦躁痛苦。」

那飄渺的希望之光逐漸亮起，我問她：

「他離開的時候大概是幾點鐘？」

「八點吧！」

「出事的時候該是九點鐘以後，對不對？」

「差不多，妳問這些幹什麼？」

「幹什麼？重要得很，我有證明，證明阿磊他並不恨我。」

拿那包遺物給她看，抖開粉紅睡衣，亮亮的，柔柔的。

「看到這件睡衣沒有？這是鳴珂交給我的，阿磊的遺物，他在離開妳那裡之後去買的，買給我的。」

「那有什麼重要？」

「當然重要，你們外人當然不知道我們夫妻的秘密，它是一種訊號！」

「什麼訊號？」

「阿磊好久以前就買過一件這種的睡衣給我，我們約好，要是我穿著它，就表示晚上願意接受他。」

「喝！虧妳說得出口。」

「有什麼說不出口，夫妻間這種事不是很自然的嗎？這下妳該知道，我們之間的不愉快祇是偶然……睡衣祇有一件，我總不能老穿著它，所以，我暗示阿磊再去買一件。」

「……」

「他買來了，雖然沒來得及交給我，但這是訊號，我知道他是愛我的。」

看著溫美蒼白的臉，我知道，我已經從懸崖邊上掙扎站穩，不致於崩潰了。祇是，突然間我又覺得好空虛，好深好重的空虛。

從遺物證實了阿磊給我的一個訊號，但還有一個更重要的訊號，溫美所說阿磊的遺言是不眞實的，他到底說的是什麼？

（四）

喪事料理前後五天，五天裡嗚珂一直伴著我。

他很細心，懂得我的處境和心理，在人前，他很含蓄，祇是像個兄長或是親人似的默默照顧我，而每天他都能得到單獨和我相處的機會。家威、彩珠他們會幫他製造：「嗚珂，送曉紋回去，她累了！」家威、彩珠這一對夫婦的心理很明顯，老想把我、阿磊、嗚珂、溫美四個湊成兩對。祇是當阿磊和我結婚之後，嗚珂跟溫美兩個仍是揑不起來；溫美還在纏著阿磊，而嗚珂，很顯然地他對我的意思還是那樣執著。

荒謬，眞是荒謬，阿磊剛去，家威他們就已經在設計促成。表面上是說怕我難受，想不開；骨子裡大家都明白是怎麼回事。

一向溫文的嗚珂，在這幾天竟然也急切起來，他的話不但明顯，甚至刺耳：

「曉紋，妳還年輕，幸福快樂在等著妳去享受。」

「我是一直在等妳的，雖然妳結過婚，但我一點也不介意。」

「現實人生，妳該要把握，及時把握。」

這些話還是很平常的，叫我不能忍耐的是，嗚珂他居然誤會了我的心理，他不該批評阿磊：

「阿磊，他什麼時候了解過妳，我敢說他簡直是對不起妳，憑他跟溫美的關係，一個有婦之夫會那樣，還能算是對愛情忠實？」

「他這種人，既不忠實又沒有負責的習慣，實在是不適宜結婚的。」

「以前就是他梗在我們中間，現在他死了，就當它是一場夢吧！曉紋，忘了它，我們重新來過……。」

惡夢！誰說我和阿磊的婚姻生活是一場惡夢？你不是我們，你怎會知道？我們的事只有我們自己知道，不錯。我們有吵鬧，也有埋怨，會向別人訴苦，但這種事哪一對夫婦沒有？

只要我們互愛的根本不變，那一切都不嚴重。你這沒結過婚的人怎會懂得這些？知不知道你這是在自作多情胡猜亂說。

嗚珂嗚珂！讓我們做個好朋友不好嗎？為什麼你一定要佔有我？你為的是什麼？為我的美貌、我的財富，為你一直要得到我的那份決心非實現不可？為什麼你們男子所有的野心都一定要實現？難道男女間除了愛情就眞的沒有友情？就算是愛情也該是可以昇華的吧！那意念，只要你我知道，就像枝上的花蕾，有一股開放的意象就夠了，讓它包孕著存在枝頭，又何必一定要開放呢？死在青條上未開的花，不正是充盈著奇美嗎？讓那份肯定朦朧點，坐實的形式太俗了。

嗚珂嗚珂！你是聰明的，不必我說，你從我的緘默裡就該能體會到這些的。快去找溫美吧！她才是眞的寂寞，一直寂寞，我和她不同，我有阿磊，雖然他去了，但等我一旦證實了他留給我的訊號，我就會追著他去的。嗚珂嗚珂：對不起！我的一切都給了阿磊，我連一些殘餘都不能給你，你也不能給我什麼！即使你給我，我也不能接受。阿磊他已完全罩密了我，我心甘情願的不會再留空間來接受其他；即使在他死後，這情形也不會改變。也許是女人跟男人不同，也許是我這種女人跟別的女人不同，我是只有一次愛，一個愛，眞眞實實的愛，沒有其他……。

嗚珂嗚珂！你懂不懂這意義？你不會懂的，我該說出來叫你明白的，可是叫我怎樣說。

嗚珂送我回來時正下著雨。

我在窗前，他在我身後，在談「我們」以後的計劃，荒唐！不理他，讓他自說夢話，我祇是在想：

那是個雨天，我在宿舍裏等阿磊，遠遠地看見有個瘦瘦高高、戴著眼鏡的青年撐著把傘來了，趕緊縮進屋裏，叫同伴們去告訴他我不在。他可眞有耐心，就撐著傘在雨裏等，告訴他說不用等了，曉紋不在，不知道什麼時候才會回來，他還是不走，一頂傘始終矗在那裏。我開始焦急，本來盼著阿磊快來，現在倒希望他遲點來。阿磊一來我就要跟他出去，給傘下的人看見豈不是尷尬！門又只有一個，要不然我可以先溜出去找阿磊。

陳就是這樣死心眼，倒後來他老找不到我，就寫信，假期裏，我偶爾也回他一封，告訴他我不在宿舍，信寄到岳磊家由岳磊轉。他應該能會意的，奇怪！信還是一週一封，這個人怎麼這樣的，討厭！不理他，阿磊知道了，笑笑，說很佩服陳的耐力。

我們結婚時，陳沒有來，其後在報上的一場空難名單裏看到有他的名字……。

嗚珂！你這就是跟陳一樣的。喔！爲什麼我老碰到你們這種人？婚前婚後都有，婚前不去說它，婚後有這些麻煩豈不是笑話。說給阿磊聽，他很注意，他是個最會吃醋的丈夫，我常喜歡逗他，看他那付疑慮的樣子眞不錯。阿磊他眞是太愛我了，恨不得把我啣在口裏，吃在肚裏才覺得安全。

婚前婚後，雨天裏，沒事做，也不必說什麼話，我跟阿磊躲在公園角落裏圓桶形的傘下依偎著，吻著……感覺到世上祇有我們兩個，不！是一個，我們已經溶成了一個，分不開的一個……。

在屋裏，在窗前，沒有別人。他常是輕輕地把我攬進懷，閉著眼，感覺得到他的唇埋下來找我，我緩緩地啓開來接納他……。

噢！不！

睜開眼，看到鳴珂的驚訝，這才驚覺，再也不能不告訴他了，都怪我，怪我的緘默使他誤會，使他存有希望，甚至有了行動的勇氣。我不是在逗他，我怎會有什麼心情來逗他，我必須要說了，免得他再陷溺。

「我的感覺還是阿磊！」

(五)

鳴珂不會再來了。

彩珠還要再勸我，眞可笑，我明白地告訴她那是不可能的，我衹是在等訊號。我問她：

「那一句話，阿磊最後說的那一句話，對妳說的，是不是？」

「是有一句話，不過我不懂是什麼意思，大概不重要，所以我琢磨著不必告訴妳。他說：『告訴曉紋，那電視……』他的話沒說完。」

果然是訊號，喔！阿磊！謝謝你，果然是你留給我的訊號，別人不懂，我當然懂。喔！阿磊！太好了！你等著，我很快就來。

彩珠一臉愕然地問我：

「曉紋，你這是怎麼啦？那句話你懂？是什麼意思呀？」

「我懂，那是阿磊給我的訊號。」

「什麼訊號？」

「是……咳！那衹是我跟阿磊兩個人的事，對不起！彩珠，請妳不要再問。」

「好嘛，我不問，不過我有點擔心，曉紋，看妳的神情怪怪的，妳沒有什麼吧？」

「沒有什麼，我很好！眞的沒有什麼，彩珠，請妳放心，我要走了，再見，願妳珍重，也請妳轉告大家珍重！」

握著好朋友的手，最後一次握她的手，很仔細，很親切地握著她的綿綿、綿綿的友情，彩珠有點警覺。她說：

「曉紋，怎麼我老覺得妳的話、妳的動作都是怪怪的，妳叫我們要珍重，妳是什麼意思？」

「沒什麼，再見！」

擺脫彩珠，回到家，訊號得到了，我得先靜一靜，想一想步驟，不過也不能太慢，家威、彩珠他們恐怕會來，今晚上不會，家威出差去了，很好！一晚上的時間足夠了。

想想阿磊，想想阿磊，想想訊號。

溫美說的話，起初我眞有幾分相信。我知道如果阿磊眞的那樣說了，他仍然不是恨我，還是愛我，爲我設想，怕我痛苦孤單，希望能刺激我，讓我忘了他去改嫁，嫁給鳴珂。啊！阿磊！如果你那樣做，你眞傻，縱然我能懂得你的意思，我還是難免會有點不滿的——爲你的不了解我而不滿——。現在好了！我已經收到你留下給我的訊號，最簡單、最純眞的訊號，我好高興，我好滿足。

想想你在大去之前，被人類最大的恐懼絕望籠罩、最大的痛楚撕裂之時，你能想什麼？當生存的希望已然斷絕，生命之火即將熄滅之前的那短短的存在著，你仍有想你仍能想，你已不能多想，祇能想著最重要的一點，最關心的一點，仗著這最能影響你的意志之強烈，使你集中心志減弱痛楚迎向結束……。

你想的是我，是你我永恒無盡的眞摯深情。喔！阿磊！當你傳出這訊號時，我知道已往我的嬌縱任性，我們的錯置與互不介入都已不再使你縈懷。你想的祇是純然的深愛，祇願傳出這訊號告訴我你的永恒的不變——即使生死迢遙的間隔也不能改變的意義——。

啊！阿磊！你已去黃泉，我要跟你去！

想想你我都曾感動過的故事：那張謇深愛著沈壽，沈壽用自己的髮繡下了張謇的贈居謙亭，張謇爲那精美的藝術品題詩：「繡成一對謙亭字，留證雌雄寶劍看。」雌雄劍啊！縱然鑄劍的壁人已死，而眞摯深情已被肯定存在。沈壽不能與張謇長相廝守，她已早逝，但張謇的付出能得到沈壽返報的訊號，能得到肯定，又有何憾？

那一場電影，大地震，夫妻們惶然逃避，當知道生望已絕時，他們不逃了，妻子奔向丈夫，丈夫珍憐地把她攬在懷裏，緊擁著等待結束。他們仍是可羨，可以確信的是，跨過生死界限之橋，他們仍在一齊相擁。

阿磊！我不能沒有你，你走了，我一個人活著毫無意義。年輕、美貌、財富、事業……一切都是荒謬、空虛，全然絕望的空寥，全然陌生，甚至連自己的姓名都是陌生。活著的時候，祇在努力追尋那短暫快樂的肯定，遇見了你就是我快樂的肯定，很短暫，短就是美，所有的美都該短暫嗎？愛總應該是長久的吧！我不甘心，我這就要跨過生死的界橋，尋著你，與你再賡續那份眞美。

我不要像嫦娥、后羿，一個在天一個在地，苦憶著相思。

我要尋著你，告訴你我已收到你傳給我的訊號了，告訴你我好高興、好快樂，告訴你我愛你勝過一切，勝過愛我自己。我要尋來你的身畔，我要你知道我値得你愛，我要你緊緊地抱著我，在另一個世界，即使是孽風怒號，或是地獄烈火猛烈焚燃，我都心甘情願，生死的界線都已衝破，就再也沒有任何可以分開你我了！阿磊！

我這就要去那湖邊了，那是你我常去，你很喜歡的地方，我將在那裏跨過生死界限，等著你來，和你重逢，擁抱……。

你留下的訊號祇是給我的，他們不懂，他們怎麼會懂。那電視，是我倆一齊看，一齊爲之感動的、互看著發出會心微笑的是那殉職警探臨死前的一句話：

「告訴我太太，我愛她……。」

六七、三、四、五、六　中華副刊

二個口的男人

(一)

正在塗蔻丹，正在她自己那雙細細纖長的手指上小心地塗著、塗著。蕾玉帶著份自我欣賞的意味認眞地塗著，塗得勻勻的、紅紅亮亮的。女人嘛！尤其是還很年輕的女人，就像自己這種年紀，該叫做「花信少婦」吧！花信少婦就該常打扮，打扮得像朶鮮花似的。打扮得那麼美幹嘛？當然是給人看，主要的給丈夫看，當然也得給別人看。叫所有的男人的眼睛都射出讚美，然後，丈夫的眼睛裏那份滿足驕傲就會更堅實。他當然會更珍惜地看著自己，自己嘛，挽著丈夫的手該更緊一點，帶著點嬌羞地，挽著他，不說他也會明白：「你看！人家都在看著我，你該得意了吧！」「當然不是說一朶鮮花揷在牛糞上，你也是挺英俊、挺帥的！」青川嘛，他的人就是他事業的徵信，總是給人一股幹練、積極、前途遠大的感覺，帥勁足，不是那種腦滿腸肥型的，更不是一樹梨花壓海棠，不是牛糞。

就在兩株蘭花似的纖手，伸張著等蔻丹乾的時候，電話鈴朗朗響起，青川的聲音從好遠好遠的那一頭傳來：

「蕾玉嗎？」

「是我！青川呀！你怎麼還不回來嘛！」

「蕾玉！妳聽著，快把客房整理出來，志揚要住到我們家來……要住一陣子……喂！喂！蕾玉！妳聽見了沒有？」

「聽見啦！」

「我們晚上回來，多弄幾個菜，替志揚接風……」

放下話筒，蕾玉有一陣子發呆，青川很少對她用這種命令式語氣的。就是志揚，就是爲了這個該死的志揚，結婚都一年多了，青川還在念著他，一提到志揚就眉飛色舞：「志揚大哥呀！嘿！我眞是好想他。」「眞盼他能來我們這兒住一陣子，他要是來了呀！嘿！我就跟他喝一夜的酒、談一夜的話……」眞想提醒他：「青川！現在不是以前啦！別忘了你已經有了我，志揚總不該比我還重要吧！」可是不必說，青川那眼神就已經透出懷疑和警告：「蕾玉，妳又在吃醋是不是？妳不對！志揚是我的大哥呀！他又不是個女的，妳吃什麼醋？」他是你的大哥，胡說！他姓呂你姓張，八輩子也扯不上關係，憑什麼你要和他喝一夜的酒、談一夜的話，他是你的什麼？他算老幾？

早料到呂志揚會來，上個月，苓雅那張薄嘴巴很早就已經在警告她：

「兩個口的男子要來了吧！」

「誰呀？」

「看妳裝得挺像的，我就不信妳忘得了他！」

苓雅的那張嘴眞厲害，這回她眞是說準了，蕾玉不能忘，蕾玉最不能忘的就是這兩個口的男人。

「呂志揚垮啦！工廠倒閉，太太也跟著別人跑啦，現在可不是什麼志揚啦！該改名叫志垮了吧！哈哈！」

聽青川說起過，闖禍的根源果然就是那個女人，那個妖精，什麼名媛，根本就是個出身不正的交際草，嫁給志揚之後，水性楊花的性格還是改不了，狗改不了吃屎是不是？跟志揚工廠裏的一個職員勾搭上，捲款潛逃是早有預謀的，呂志揚居然聰明一世懵懂一時，一夕之間事業財富全部付諸東流。

「這回好了！呂志揚垮定啦！活該！誰叫他自作自受，多少個理想對象他不要，偏偏娶一個白虎星！」

「兩個口的男人走投無路，遲早會上你們家來的，你們青川不是跟他最要好嗎？咳！蕾玉！妳在想什麼？該不會是舊情復燃吧！想要鴛夢重溫？」

「苓雅，妳在胡說些什麼？」

「好吧！算我胡說，唉！以前的事都過去嘍，妳有了青川，也該滿足啦！姓呂的不提也罷，他根本就不配！」

苓雅一提起志揚就恨得牙癢癢地，蕾玉最清楚。苓雅在大學時候的外號叫包打聽，對男生的行情最清楚，她常說：

「蕾玉，年頭變啦！不能老等著那些臭男生來追，我們得採取主動，這是孫子兵法裏說的，情場如戰場，咱們娘子軍要主動出擊……」

「我們的目標應該是向上、向外。第一是向上，選至少要比我們高兩班的，妳知道我們女人老得快，同班的不必選，除非他對考古有興趣，留給小妹妹們去揀。第二是向外，同院的不選，要選就得去別的學院找……」

女生宿舍裏，贊成苓雅意見的人可還眞不少。根據向上、向外的原則，主動出擊的對象裏，就以「兩個口的男子」叫得最響。

「人家問他貴姓，他說他是兩個口的男子，兩個口，都是用來 KISS 的，因爲女孩子太多，一張口忙不過來！」

「眞狂，可是也眞帥，今天下午那場球賽，他打中鋒，反身投籃，刷的一聲進網，眞棒！」

「工學院的居然也會寫詩，這一期詩刊裏有他的，是情詩，大家想想看，他是爲誰寫的？」

「題目是『片雲』，這人名字裏一定有個雲字！」

「有雲字的太多啦，不好猜！」

「想想看他最近跟誰在一起？」

「上週有人看見他跟外文系的尤小玲在植物園。」

「昨天他跟一個商學系的在圖書館頂樓，有人看到他摟著那女的。」

「他跟郁小安最好，郁小安把她家的轎車開了來讓他用。」

「不見得，那衹是因爲唱平劇的關係吧！郁小安死纏著他，他未必眞有意思！」

「我看是一〇五室的陸慧玲很有可能！」

「何以見得？」

「有人說，他身上穿著的毛線背心就是陸慧玲織的。」

「有什麼稀奇，雙口呂是大衆情人，他身上百分之九十的東西都是女孩子送的——」

這就是呂志揚，紅透了半片天的大衆情人，高高瘦瘦、英俊瀟灑的，籃球隊的中鋒，論文比賽得獎，詩社中堅，平劇公演時的楊宗保。一天到晚忙著約會，忙著用兩張口去 KISS 女孩們的，忙得沒空上課而自然有女同學替他抄好整整齊齊筆記奉上的白馬王子。

蕾玉心緒不寧地整理好客房，來不及做菜，不是來不及，實在是沒心思做。打電話叫餐館送幾樣炒菜來，豆瓣魚、辣子雞丁、麻婆豆腐、青椒牛肉，全是辣、全是他最愛吃的，就記得他說過：

「王蕾玉，妳是我認識所有的女孩子裏最會燒菜的一位。」

最會燒菜有什麼用？蕾玉的「奇兵」結果還不是悄無聲息地敗下陣來。那晚在表姑家，想到他在胃部滿足之後總該會留下來聊聊的，誰知他一口喝完咖啡，嘴一抹，就以另有約會爲藉口忙著開溜。

那晚蕾玉一面洗碗盤，一面氣得直想哭，心想書上看來的原則絕不會錯，男人嘛！要拴住他的心，兩條路，食跟色，都是人性。SEX，自己實在不敢，太冒險；滿足他的胃，那正是自己的拿手好戲，誰都比不上。果然，贏得了他的讚美，可是萬想不到還是拴不住他的腳。

蕾玉的失望沒多久，因爲他發現還有人比她更糟，雙口呂臨走時交給她一包東西，說：

「陳苓雅跟你同宿舍是不是？拜託妳替我把這包東西還給她。」

蕾玉是在氣極了才拆開來看的，全是苓雅的筆跡，有些連封口都沒打開。蕾玉的感覺像是考試得了個五十分，突然發現還有人祇得二十分，驚訝得忘了自己的氣苦。眞的不敢當面交給苓雅，偷偷地塞到她抽斗裏，料得不錯，苓雅連是誰放的都不敢問。祇不過這以後苓雅就改口了，提起雙口就恨得牙癢癢的……。

門鈴響了！

蕾玉早就打扮好了，也佈置好了。先開電動門，後開燈，燈光一亮，女主人儀態萬千地迎出去，她是存心要顯威風，笑吟吟地先伸手去……

「志揚，歡迎妳！」

當青川身後的那男子遲疑著勉強地伸出手來時，蕾玉幾乎認不出是他，那張憔悴的、連鬍鬚都沒刮的臉上，眼光是呆滯枯澀的，甚至連聲調也變了，變得重濁而模糊，彷彿聽見他在說：

「蕾玉！謝謝妳……」。

（二）

青川的聲調是親切而溫和的，多年前的老習慣不知不覺又出來了，彷彿還是在學校，他張青川還是呂志揚的副手，鑲在月亮旁的星星，連說話都是一副徵求詢問式的。祇是青川忘了時空已經改變，那月亮不但不明亮而且茫然，連青川問他是先吃飯還是先洗澡他都不能決定。

「我想……我想……」

蕾玉在一旁，心想和這個憔悴風塵的人坐著吃飯實在不是滋味，洗塵洗塵，是該請他先洗洗「塵」的，就說：

「當然是先洗澡囉！熱水都準備好了！」

眞怪，呂志揚還在猶豫，看他囁嚅著，半晌，才擠出句話來：

「我……我沒帶衣服……。」

青川趕緊說：

「沒關係，通通用我的，蕾玉，妳去拿，拿我那些還沒用過的內衣、襯衫，多拿幾套，先送一套到浴室，其他的改在客房裏，順便替志揚整理整理。」

志揚還在囁嚅，青川趕緊又搶著說：

「志揚，以前在學校，我們不是常常打伙穿衣服嗎？咱倆的身材差不多，你記不記得大三那年我們合買的那條新褲子？」

「我記得，那陣子，誰起得早誰就穿那條褲子！」

「還有那件雨衣最妙，下雨天就不見了，天晴時它又會自動回來。」

「還有那輛腳踏車，要騎它的時候一定不在！」

「眞有趣！哈哈……」

「唉……」

在客房裏聽到他們講話，呂志揚彷彿比較正常了，是窖藏記憶的溫暖，又點燃他垂滅的火燼嗎？蕾玉有點感慨。志揚衹帶來一個小皮箱，眞想打開來看看。青川不是說叫自己替他整理整理嗎？先得看看是怎麼回事？

打開箱子一看，蕾玉忍不住惻然。一件衣服也沒有，除了些文件、賬本、日記之外，就衹有一面精緻的鏡框——還就是那女人——曼玲，照片該還是以前的，荒唐，竟然是泳裝，一身白肉，簡直就沒穿什麼！凹凸分明的，手攏著髮，發笑著，那像是什麼正經女人，不知道的人，準以爲是個封面女郎。

眞是一物降一物，志揚偏就對她死心塌地。一個除了性感之外什麼都沒有的女人，學歷、家世、教養……一切一切全然空白的，偏就是呂志揚心目裏的皇后。捨棄好多個理想的對象不要，這些對象任何一位都比曼玲強，衹要志揚點頭，準能做個賢妻，協助他發展事業的。

呂志揚，鬼迷心竅，居然會全部辜負，眼巴巴地去追一個衹有胴體而絕無靈性內涵的女人，匍匐在她的裙下，到頭來還被她一腳踢開。

而更使人百思不得其解的是呂志揚還保留著她的照片，若是結婚照也還罷了，偏偏是這麼一幀看了都會叫人心跳的。

好幾本厚厚的日記，蕾玉眞想去翻翻，不知道裏面有沒有自己，時間不多，浴室裏嘩嘩水聲很快就會止歇的，不能翻。這個問題還沒找到答案。蕾玉拿著那鏡框發呆，志揚爲什麼保留著這個？眞正純銀的鏡框，很精緻，絕不是恨她，難道還是在愛著她？眞怪，背叛了他，害得他身敗名裂又垮得徹底的女人，還有什麼好愛的？

眞想不透……

是放大的彩色照片，背景是室內，不是海灘。室內她也敢用這種裝束，眞不要臉。她本來就是這樣，不稀奇，稀奇的是志揚爲什麼喜歡她？一定能找出答案來的，或許就在這照片上能找到！照片眞誘人，光緻緻的胴體，連女人看了都會臉紅心跳，男人們誰能拒絕這誘惑？不能！就是青川看到也會禁不住要賞鑒的。那些口裏說不看不看、不能看不敢看的，必定會偷偷地設法偷看。喔！是了！難道就是這個？SEX！難道這就是曼玲擄獲志揚的利器？這利器哪一個女人沒有？哼！我王蕾玉自信就不會比妳曼玲差，祇是我不會脫成像妳這樣，咱們受過教育的都懂得含蓄，那像妳這樣放蕩。一塊白肉似的引著些餓狼垂涎，成什麼話？喔！難道這點差異就是勝敗的關鍵？咦！眞的，很可能！不！不是可能，簡直就是一定，曼玲不笨，她也懂得人性，掌握了志揚的「性」，比我王蕾玉用「食」來引他更高明，比我們所有的女大學生都高明，我們做不到的、不敢做的，她做了！她贏了，贏得很簡單、乾淨俐落，喔！

蕾玉有點激動，輸得不甘心。眞想趕緊把這謎底告訴苓雅，告訴她主動出擊的武器用得不對，敵情判斷錯誤。兩個口的男子，哼！他不是人，人的成份少，獸的成份多。什麼高雅、含蓄，甚至美味佳餚對他全是白費，他是一頭狼，就該用一塊白肉，光緻緻地去引他垂涎。喔！我們怎能這樣？不能！好吧！不能就該失敗，敗得有理，天亡我也，非戰之罪也。咱們是人，跟獸不同類，不用獸的方法，失敗是必然、是先天性的。

穿上青川的新襯衫和長褲的志揚，還刮了鬍鬚，坐在餐桌上，以前的輪廓清晰了許多，不再難看，祇是憔悴還掩不住，尤其是那一對眼，眼神還是呆呆地。

酒量還是不錯，一連幾杯，兩個男人的頰上都有點紅暈，話多了，聲音也大些了，談起他今後的計劃：要去投奔一個朋友，是退伍軍人，在橫貫公路旁，深山裏經營著果園、農場、還養著鹿和乳牛、還有魚塭……青川遲疑著，看得出是想留他下來，但很顯然地又不能有妥善的安置，頓了頓，祇好舉杯：

「祝你成功！」

志揚默默地接受、乾杯！沉悒地問：

「青川，你想，我還會成功嗎？」

「當然，東山再起嘛！你還年輕，憑你的幹勁、能力，哪會不成……」青川的聲音很響，但蕾玉分明聽到那裏面的空寥。青川是不善僞飾的，一個學工的去搞農牧，誰能說有什麼把握？果然青川說出了他心裏的話：

「就算不能成，那也沒關係，衹要你願意，我隨時都歡迎你，咱們倆合作再辦工廠。」

志揚黯然搖頭，他說：

「沒有信心了，垮過一次，不敢再碰，我……我有點怕。」

「那是人爲的因素，不能怪你。」

「我……唉！以後再說吧！青川！謝謝你。」

在以前，傳說兩個口的男人嘴巴裏永遠吐不出一個謝字。蕾玉總覺得不服氣，好像那時還曾暗暗發誓以後非教他對著自己說聲謝謝不可。現在果然，一進門就聽到一句，現在又聽到他在謝青川。該快意了吧！不！蕾玉衹覺得好空虛，注視著與前判若兩人的這個男子，一般女性的憐愛湧起，差一點掉淚，趕緊起身去張羅酒菜，掩飾她的失態：

「志揚，這些辣菜你還喜歡吧？」

「還是蕾玉細心，她就記得你這頭川耗子的老習慣，哈哈！」

有了夫婦倆的提醒，那客人才從麻木中感覺到熟悉，歉然地說：

「眞好！原來全是辣菜，怪不得吃得好舒服，謝謝妳，蕾玉……」

晚間在房裏，青川跟蕾玉說：

「明天我要出差，妳在家裏招呼他。」

「青川，你忘了明晚上的酒會，我們不是已經答應了一定去的？」

「好呀！就讓志揚陪妳去，也好讓他散散心。」

「可是，青川，他這次沒帶衣服來！」

「穿我的還不是一樣，我那套格子呢的，祇穿過一次，挺新的。」

蕾玉想告訴他，志揚現在瘦多了，而青川卻已漸漸發福，衣服不會合身的。但想到時間這麼急，青川也一定沒辦法，說了等於白說，算了。

青川睡著了，她陡然想起，哎呀！不行啦！明晚的主人是苓雅，雙口呂的死對頭，怎麼能帶他去？萬一苓雅要乘機報復，那怎麼辦？青川又不在，不行不行！

一直睡不好，思前想後的，眞想不叫志揚去，可是下意識裏又有股力量在促使著自己冒險、找刺激。準有好戲可看。奇怪，自己怎麼會這樣想，是老早以前爲苓雅打抱不平的那份同情又升浮起來了？要送給苓雅一個報復的機會？還是……還是自己隱藏在心底的那一份報復意念，竟也趁機掙出萌發，躍動著要想「主動出擊」？

㈢

那套格子呢的新西裝，穿在呂志揚身上果然嫌大，鬆垮垮的，襯著他那張長長的瘦臉，走動起來晃呀晃的，眞像是幽靈在舞著件法衣。蕾玉本想著要是他發現不合適，不肯去，那就算了，給苓雅掛個電話，黃牛一次也無所謂。陪著他開車去附近溜溜，或者就留在家裏聊天也行。可是呂志揚倒好像蠻有興致似的，穿好衣服在鏡前端詳著，蕾玉看著他，想起「嘉麗妹妹」裏的勞倫斯奧立弗，那落魄的老傢伙要去見顯赫的兒子，最後一套像樣的西裝燙焦了一塊，摺一張報紙在手上，老是垂下來遮住那焦痕。呂志揚，呂志揚在想什麼？想去酒會裏溫習溫習往日的光輝？哈！除非你眞的麻木得忘了苓雅，那樣精明的女人，過去你辜負過她，這一次，她要不報復那才怪。蕾玉眞想告訴他是去苓雅家，可是，好幾次話到口頭又給嚥了回去。算了！也許是自己多疑，青川的話不錯，幫助志揚，讓他散散心是對的。苓雅該不會對客人如何的，眞的不會嗎？靠不住，那爲什麼冒著險帶他去？明明是叫他去受打擊，傷上加傷，難道自己的潛意識裏眞有著一份虐待報復的意思？

呂志揚挑了個領花，自己在結。男人就是這樣笨，連結個領花都弄不好，蕾玉記得以前有一次替他結領花，那是在，是在……

眞怪，自己居然會站起來，又去替他結領花，祇是一下子，又彷彿好長。靠著那麼近，那窖藏久遠的記憶刹那間鮮活起來……是主動出擊，很自然地過去替他結領花，蕾玉自己很清楚，而且有把握，高雅的香氣，纖指在他頸間輕弄，她的鼻端就在他的唇下，最笨的傻瓜也一定會知道的。她都已準備好了，祇要他稍一低頭，她就會抬起來，用漾動著柔情的眼看他，帶著默許看他，接受他，讓他的唇埋下來，她就會閉起眼……那……那就是「定情」……嗯！祇是……祇是這小子竟然是塊木頭，僵僵直直的。就在那時，當蕾玉暗地裏在咬著牙罵自己：「最後一次，最後一次，喔！憑什麼我這麼賤，人家不要，我還不死心地要去送給他……」呂志揚忽然說出一句叫她絕想不到的話來：

「王蕾玉，妳知道張青川吧？」

「怎麼樣？」

「他是我最要好的朋友！」

「好又怎麼樣？」

「他很喜歡妳唷……眞的……眞的，眞的是最後一次主動出擊，栽花不發揷柳成蔭，蕾玉總算明白了，又好氣又好笑，呂志揚你這混小子，把我當禮物送給你的好友？哈！你是張青川的老大，你倒是挺會做老大的，連這種事都替他安排，你不是不喜歡我，祇是因爲張青川暗地裏在戀著我，你要禮讓。混球！孬種！你知不知道這樣是我們女孩子最忌諱的，天底下最自私的就是愛情，憑什麼我要乖乖地接受張青川？他算老幾？我連正眼都沒瞧過他，讓他害單相思好了，活該！最好讓他傷心失望，叫你這自作聰明該死的老大焦急無奈，最好！我最痛快。

而事情總是會有改變的，蕾玉就從這次開始去注意青川，發現他有著雙口呂所有的，而且還有雙口呂所沒有的。其中最重要的一項是他不同於雙口呂用兩張口去吻女孩。蕾玉的遲遲發現，祇是他的鋒芒內斂，一向扮演著衛星似的角色，不引人注意也從未企圖去引人注意，但那並不代表他沒有光芒。

蕾玉的那份不必要的倔強終於改變，接納了青川。主動出擊那已是歷史名詞。祇是基於女性的自尊，她還是忘不了那次，十拿九穩地陡然間落空，事後她也曾想過，呂志揚爲什麼不吻她；就算不敢愛，僅爲禮貌也該吻的。他的兩張口不自詡是專門吻女孩子的嗎？蕾玉就是不服氣，不相信他是柳下惠！

現在——

沒想到這麼多年後竟會又有相同的機會，蕾玉帶著點挑戰意味地上前去替他扣領結，和以前一樣的充滿著自信。現在的蕾玉更成熟了，穿著亮晶晶的晚禮服，帶著香氣風情萬千地姍姍行近，伸出紅亮著蔻丹的纖指去他頸下，還是久遠的熟悉的那高度，祇要一抬頭，鼻子就會碰到他的唇。

向你挑戰，呂志揚你敢嗎？你敢不敢吻我，祇要你稍一低頭，祇要你不是白癡，你該記得那年你欠我的，現在你該償還，雖然我王蕾玉的心情已不似當年那樣躍動，但……就算爲的是不服氣吧！你欠我的就該討還來，除非你怕，你投降，承認你窩囊你不敢！

他果然是不敢——

祇是一刹那，蕾玉分明覺得他抖了一下，雖是輕微的，但怎逃得過蕾玉這一刻所伸出敏銳的觸角雷達，好極！贏了！總算是贏了！我捉住你了，眞有意義，你還是記得那一次的，那一次你不是不愛，而是不願……深深地看他一眼，看著他眼裏的掙扎，退回來，帶著勝利的肯定退回來……。

去苓雅家，一進門她迎上來，蕾玉衹消一瞥就看出不妙。苓雅的眼神和她那擺出很明顯的做作的雍容都已說明了要糟。

「蕾玉呀！青川沒來嗎？這位是？」

虧她裝得眞像，眞恨不得踢她一腳，快保護志揚，來不及了，遲了！苓雅的主動出擊已經發動！

「嗨！原來是老朋友，我記得的，讓我想想看……呂——志——垮……是不是？」

「呂志揚！」

「歡迎你，老同學，呂志垮……嘿！眞想不到……」

呂志揚的嘴唇微抖著，蕾玉瞪著苓雅，可就是偏偏想不出怎麼來解圍，可惡的苓雅居然還要得寸進尺：

「工學院的，對吧？雙口呂，人家都叫你什麼來著……對了！兩個口的男子。一個口吃飯，另一個口……另一個口吹牛……哈哈……眞有意思。好久不見，聽說你自己在開工廠，當上大老闆啦！喝！眞神氣！咦！你好像瘦了點……」

就這樣僵著在挨她的轟炸，幸好男主人過來了，蕾玉趕緊岔開話題。

「這位是呂志揚先生，青川和我的同學，青川出差去了……。」

「歡迎，歡迎，我姓胡，胡圖南，呂先生，歡迎你！」

胡圖南外號叫胡塗蛋，標準的商人典型，握手用勁，熱烈握完手再肩膀上一拍，老習慣。

「你們的同學，不就是苓雅的同學嗎？喝！好極了！呃！苓雅呢？……」

苓雅早就溜去招待別的客人了，這鬼精靈倒是乖巧，見好就收……客人陸續來，多半是蕾玉認識的，還好都跟志揚不熟，介紹、握手，千篇一律的應酬、寒暄……

「呂先生在哪兒得意？」

蕾玉替他代答：

「現在在辦農場！」

「喝！有眼光，農業是根本，一定有前途、有發展！」

點頭、微笑、寒暄，一屋子的西裝革履，衣香鬢影。雞尾酒，啜著，燈光不錯，點心很精緻，跟著就是音樂揚起，胡圖南擁著苓雅開舞，一對對相擁起舞，蕾玉偎依著志揚，靠得很近，下意識裏有點歉意，想要藉此付出些溫柔來安慰安慰他，柔順地讓他挽著，輕輕地、緩緩地隨著音樂飄著。

熟人太多，第二支曲子沒完，志揚的肩頭就被拍了拍，習慣地禮貌讓開，一個微笑熟悉的年輕的臉過來攬住蕾玉。蕾玉有點心不在焉，眼睛從對方的肩頭望出去，找志揚，看他孤孤單單地退到一隅，去桌旁端起一杯酒。

有點擔心，好容易挨到一曲完畢，趕緊過去，沒想到那一身火紅的女主人又來使壞。

「呂先生，我還記得你的太太，她現在是不是還習慣穿得少少的？」

「她……」

「我記得以前她老愛露出肚臍，其實呀！肚臍有什麼好看？黑黑的，露出來眞不衛生，你說是不是？呂先生，不過這也難怪她，她的出身就是個舞女，習慣了改不掉，她還跟我說過，要去夏威夷學草裙舞，她去了沒有？」

「她……死了！」

「死了！那一定是冷天露肚臍受了風寒！」

蕾玉忍不住制止她：

「苓雅，不要再說了！」

苓雅眼一飄，好像在說：「這不是也在替妳出氣嗎？」停了停，好像發現了什麼大秘密似的，尖著嗓子，又笑又叫的：

「嗨！呂先生，你……你眞滑稽……」

「我……」

「你穿錯衣服啦！這套衣服是張青川的，怪不得不合身……你們看，眞有趣。」

蕾玉拉著她，她一直在笑，指著志揚：

「你們看，這套衣服跟圖南身上的那套一樣，那是圖南跟青川最近一起去做的……哈哈……好有趣。」

眞沒想到她會來上這一手，知道呂志揚絕受不了，蕾玉趕緊拉著志揚，說：

「我頭有點暈，志揚，送我回去……。」

(四)

眞是糟透了，早知道苓雅會趁機報復，但絕沒想到她竟是這樣的趕盡殺絕。志揚！可憐的志揚，這回一定是傷上加傷……無論如何，自己脫不了干係。蕾玉在想，一定要好好地安慰他，絕不能刺激他。

從浴室裏出來，屋子裏好靜，聽不到聲音，志揚在幹嘛？他總該不會看不開吧！去看看，給他一些安慰、一些鼓勵，青川不在家，這屋裏就祇有一個主人一個客人，主人對客人有責任。

他在客廳，在酒櫃旁自斟自飲，穿著青川的睡袍，看到蕾玉出來，默默地替她倒一杯。

蕾玉向他舉杯，一口喝乾，喝得太猛，胃裏一陣熱氣升起：

「陳苓雅是十三點，你不必放在心上。」

志揚替她再倒半杯，一口喝乾他手裏的，沉悒地說：

「我沒關係，祇是……祇是她不該那樣罵曼玲……」

蕾玉忍不住有氣，冷冷地提醒他：

「曼玲跟別人跑了，你還在念著她。」

「我並不怪她！」

「爲什麼？」

「曼玲……我永遠愛著她，祇有她……能使我滿足。」

蕾玉立刻想到那幀泳照，果然不錯，曼玲能滿足他，祇有曼玲能使他滿足，曼玲用的就是那種低級的肉慾，眞想告訴他，這一點，每個女人都有的，祇是不屑像曼玲那樣放蕩地使用。

當然說不出口，又不知該怎樣去安慰他才好，祇好笑笑，陪著他喝酒，一杯、兩杯……蕾玉知道自己的酒量，平常夜晚跟青川對飲，七八杯總是沒問題的。帶著點微醉的亢奮，跟青川進房，鏡子裏照見頰上的酡紅，眞像桃紅，泛起的桃紅，然後就是……

喔！不行啦！青川不在家，這習慣怎麼能用？荒唐……數數看，一共喝了幾杯？六杯，也許是七杯，不記得了。有沒有醉？應該是沒有吧，不是還很清醒嗎？志揚的酒量怎麼樣！聽青川說過是很不錯的，那就好，酒能亂性，不能不注意，祇要不醉就不會有什麼。

抬頭看看志揚，喔！原來他一直在盯著自己看，好一隻燃燒著的眼，禁不住有點驚惶。

「別喝了！你會醉的！」

「不會，我沒醉！」

聽青川說的，越說沒醉的人就是眞的快醉了。他會不會是眞的有點醉了，爲什麼老盯著我看，是看我身上的什麼地方？喔！是胸部，剛從浴室裏出來，睡袍很薄，又沒帶胸罩，這男子，他總該不會以爲我在引誘他吧！荒唐！這是怎麼回事？

下意識地拉拉衣襟，看看他，還是那樣，喝著酒，若有所思地看著自己。眼光和他的相遇，好大膽，他居然不收回，是了！一定是自己的眼光誘人，青川就曾經說過，說妻子酒後的眼，水汪汪的，流盪著柔情。喔！不行！還是進房去吧，這樣孤男寡女沉默地相對，再下去一定不妙。

是眞的有點醉了嗎？怎麼懶懶地站不起來。平常有時候也是這樣，一半是愛嬌一半是慵懶，等著讓青川抱起她進房去……不行！今晚不行，青川不在家。

苓雅眞壞，不曉得她從那裏聽來的，有一次告訴蕾玉說：

「海員的妻子是難免寂寞的，偏偏又住在風化區附近。每扇樓窗都有娼妓，開著靠在窗欄給客人看，中意的就會上來成交。這位海員的妻子一時好奇開了窗，哎呀不得了！一個男子上來了，跟他說什麼都沒用，不相信是清白的，沒辦法，只好給他……事後那人笑嘻嘻地掏錢給她，叫她用這錢替自己的丈夫買點東西……。」

「蕾玉！妳會不會有時候也想吃野食……」

荒唐！荒唐！怎會想到這些的。蕾玉覺得一陣燥熱，臉燙燙的，看看志揚，他的臉也是紅的，眼裏燃燒著火，那眼神很熟悉，多少個夜裏，當青川要她的時候就是這樣。喔！荒唐！怎麼能把他跟自己的丈夫比，他是志揚，好久好久以前初戀的情人，初戀已經結束了，沒結果，眞美，永遠記得。總算是贏了，這男子畢竟是臣伏在自己的裙下，他就是那樣地帶著份焦渴似的看著自己，祇要使一個眼色他就會……不行不行！這樣不好，不可以的。苓雅的故事，那是苓雅，也許她吃過野食，要拉我下水……苓雅眞可惡，志揚好可憐，曼玲離他而去，情慾正焚燒著他，他好苦，那雙眼睛不就正在吶喊著痛苦企求著甘霖的滋潤嗎？給他一點也無妨，就算是同情他，佈施一次，祇一次，青川不會知道的，沒關係的，甚至絕不會有後患，安全期很準確……就算是以前戀著他的時候已經付出了的，本來就是該給他的，現在給他，可以證明那一次愛情的眞實……嗨！我這是怎麼啦！怎會想到這些，不能想！快進房去！快！

（五）

醒來時已紅日滿窗。

有點驚惶，先別起來，在床上好好想想：是臥室的床，沒錯！怎麼進來的？自己走進來的還是被人抱著進來的？不記得了！祇記得有一陣子志揚的臉很近很近，眼睛裏燃燒著火，喃喃地叫她：「蕾玉……蕾玉……」以後，以後就是被他抱住，熾熱的唇埋下來。喔！他終於吻了自己，深深地，款款地……。

但是，很快地他就站起來，像是遺忘了什麼，要去外面拿回來給她……她等待著……夜很靜，彷彿有過一陣子腳步聲……她醉得迷迷糊糊，所以不記得自己是失望，還是……？然後，就是現在紅日滿窗。

客房的箱子不在，那套格子呢的西服空蕩蕩地掛著，他走了，以為他會留下張字條什麼的，到處都找過了，什麼都沒有。

凝視著窗外，地下濕濕的，昨晚下過雨，有些腳印，但不知那些是志揚的？他走了，就穿著他來時的衣服，提著那口小箱子走了！是在深夜，有風、有雨的夜，孤獨地在暗黑裏煢然離去……

走遠了！不會再來的了！蕾玉祇覺得心裏被一塊大石堵得滿滿的，她直想哭……

六七、六、三、四　中華副刊

涸轍

（一）

「埋在哪裡？」

「再前面一點，喏！就是我們以前來過的那溪邊。」

正下著雨，泥濘，不好走。挾著那盒子，妹打傘，雨天的溪邊沒人，好冷清。妹要挖土，我不肯，換她來挾著那具小小的棺木，還得空出隻手來打傘。我來挖，濕濕的土很容易挖，一下子就挖了個坑。

「就這樣吧！」

「不行啦！還要深一點，太淺了，牠會冷的……」

眞是孩子氣，都唸高中了，想著、說著的還是怪怪的。別人鐵以爲她是幼稚；祇有我這作哥哥的心理明白，她這是多思想，思想早熟，偏她就能想到那種深深細細的層面，而且還會很自然地說出來。當然也祇有我這哥哥才能體會到她那些深深細細的小小的怪異。

再往下挖土就硬了，不簡單，眞想告訴她將就一點算了，祇是埋一隻死貓，又不是人，何必這麼認眞。但，感覺到她在雨裏微顫，凄風苦雨，妹的心跟風雨一樣凄苦，我不能違背她這一點小小的執拗。我一向都順著她，尤其是娘死後，就衹剩下我跟她兩個相依爲命。我還是在盡兄長的責任，不！不單是這個，還有別的……。

還有就是她對我的依仗，就是那份純眞的以爲哥哥什麼都能替她解決安排的信賴，常能激起我的自信。男性的豪情，在我已如沉澱在卑微裡的渣滓，惟有在她全然眞切的信賴下才能激揚起一縷肯定。唉！我什麼都不能肯定，衹有這一點還是妹給我的，看來兩個孤兒裡，竟是她在以荏弱的信念在支持著我，喔！好可悲！

埋好了，妹還癡癡地去拾來一些花瓣舖在小小的墳上。雨點很大，打著那些花瓣，小小的，褪色的猩紅混著泥的污濁，就這樣，夭亡的植物覆蓋夭亡的動物，或許它們能互訴以前的一些短短的枝頭繁盛和陽光下的歡躍吧！奇怪！我怎會想到這些的，跟妹一樣，因爲我們是同胞，母體的血緣相連，流動著的是相同的血，相同的思維？

「回去吧！」

「再等一下！」

伴著她在雨裡癡立，她在想什麼？失掉了一個伴？平常我很忙，要忙著做工來維持兩個人的生活，早晚當她在家陪著她的就是這隻貓。多久了？不記得了！大概有一年多了吧，母貓生下小貓，衹生一隻，而且是個瞎的，眞怪！更怪的是母貓突然的死，什麼緣故？不知道！妹叫我的時候，牠已經冷了硬了，那隻瞎小貓還戀戀地蜷伏在母貓的肚旁吸乳，唉！眞是……

「哥哥！你想老貓爲什麼會死？」

「是生產得的病吧！」

「我想不是，牠沒有什麼病。我想的可能有兩種：老貓知道小貓是個瞎子，牠知道以後的日子不好過，牠沒辦法，所以牠逃避……。」

「怎麼會這樣？貓不是人，貓不會自殺的！」

「牠當然有牠的辦法，祇是我們不知道！」

「那牠爲什麼不咬死小貓，好多老貓都會這樣的。」

「不！哥哥！你不知道！母貓吃掉小貓，那不是殘忍，那是愛。愛得太深，擔心得就更多，小貓活著，要受人的戲弄，別的動物的侵害，祇有吃到肚子裡才最安全……那是愛，雖然很自私，但確實是最眞摯最強烈的愛……。」

「那麼，牠爲什麼……」

「那就是我想到的第二種可能，老貓相信我們會替牠照顧小貓的，所以牠決定用自我犧牲來提醒我們，體會牠最大、最眞的愛，想著牠犧牲的悲苦，在以後好好地來照顧牠可憐的孩子。牠自己知道能力不夠，祇有托給我們。牠不會說，所以牠只好結束自己，用這種最直接的方式來告訴我們……。」

妹！不是什麼老貓提醒我們，是妳在提醒我，叫我不要討厭那隻瞎貓。

妹呵！妳知道我在想什麼？妳的話是一隻冷森森的箭，射中了我最深的悲愴，一向不敢觸及的心底塵封的層面。那晚：也是這樣的淒風苦雨，娘不行了！勉強拉著妳的小手交到我的掌裡。我一直在叫：「娘！娘！」起初她還能含糊地應著：「嗯……嗯……」我在等著，等她的眼睜開來，我知道娘一定也在掙扎著要想再看看妳和我，可是……可是她竟然逐漸微弱……淒風吹去了娘悲苦的魂靈，帶著無窮盡的憾痛依戀去了！去遠了！錐心的痛楚撕裂與滂沱的淚水奔流，緊抱著她，嘶喊著：「娘……娘……」而我的觸覺並未痲木，娘就在我的熱淚傾洗，體溫緊擁裡，一點一點地冷了，硬了……。

娘絕不是怕苦逃避，也不是爲了要提醒我負責而犧牲，她是有病，病得很重……。妹！妳這該不會是在提醒我吧！妳知道，我當然會好好照顧妳的，甚至……甚至也包括那隻瞎小貓……。

(二)

雨下得很大，妹在房裡聽錄音帶，淅瀝裡有一縷低徊的笛音裊繞，像是從遙遠地方凝聚著，飄過來的一個不憚遠行的精魂，綿綿地一波又一波地掩向我，淹沒我，而我就是這樣，甘心情願地讓它滲進、讓它浸泡、綿綿地纏著，一分一寸地啃嚙著我。

那窖藏著的是十分清晰的微弱，透過時空來喚我。

「小林！拜託你！那錄音帶，替我再放一次……。」

阿基，那捲笛音是我替他錄的。我跟阿基、大李、老王、惠明他們一共三十多個都是特殊學生，不是行爲不良，是病生，得的是 TB，富貴病。同學們都避著我們，最氣人的是那些神經緊張的女生，我們有自知之明，絕不去接近她們，可是她們也太過份，走廊上遇到還得假裝傷風掏出手帕來摀著鼻子。

不是我們自私妨礙大衆。我們是不得已，明曉得這種病絕不是幾粒救濟品魚肝油醫得好的，想活命就得快點畢業能賺錢才行。上課是活受罪，明知道招人家討厭，總是在大家坐定後才偷偷地從教室後門溜進去，縮在屋角裡，等到一敲下課鐘就先溜出來。當然什麼活動都不參加，班長也從來不通知，我們是喪失了在陽光下歡笑權利的一群。

很快，原先有女友的一個個垮掉，也好！省得麻煩。暑假裡宿舍借給別的單位辦訓練，我們去舊教室水泥地上打地舖，等著吃廚房一天三餐送來難以下嚥的大鍋飯菜，千篇一律的獨一樣胡瓜。有一次都下午三點了還沒送中飯來，過去看看，原來是加菜天，廚房的大爺們很忙，忘了我們這一群化外之民。

我們是病患，被人厭惡、遺棄，而自己仍珍憐著生命，苦苦掙扎著的一群……白天，我們多數圈在地舖上看書，用空洞的眼相互望望，不想說話，也難得一笑。晚上更是寂寞，大夥兒都不出去，事實上也沒處可去。阿基常常就帶著他的笛子去操場邊的樹下吹，吹著吹著，那些大滴大滴的淚就紛紛洒下，他也不擦，吹得更起勁。他的笛子吹得眞好，聽起來那種流動著的悲愴就像蟲蟻在一分分啃著心葉，又像是一波波綿綿密密的水波湧過來，慢慢地升起、漲滿……我不敢打擾他，祇是悄立在暗處，傻傻地聽，聽著聽著，覺得自己整個人都已浸在笛聲裡，在承受啃嚙，不！是在享受，享受著那份特異的刻骨的感受。

「這是在自虐！」我對他說：「阿基！吹笛子對肺不好，你不能再吹下去了！」

「沒辦法，我知道是在自虐，可是我需要這份自虐的快感，我不能不吹！」

是我想出來的辦法，用老王的舊錄音機錄下阿基的笛音，讓他自己一面流淚一面聽，他不必再吹。那管笛子被封裹起來，上面還有我和老王的簽名……大李說，那竹管裡一定有血，自阿基心裡肺裡流出的血。

大三那年，阿基病重，從「輕度肺結核，可以上課，半休」到「重度肺結核，全休，應隔離」。住院療養時去看他，他還能微笑，叫我再放那錄音帶給他聽。

祇是期中考那幾天忙著沒去看他，等到考完去醫院，那張病床已經換了人。

我們都熬到畢業，熬到特效藥出現，掃開死亡威脅的險霾，唯一的例外是阿基，他去得太早……。

我留下他那捲錄音帶，積錢買了架舊錄音機，常在雨夜裡放著，溫習那份刻骨銘心。想著那段日子，我是怎麼掙扎著走過來的，清晰如昨的回顧常使我驚心，愴然之後每每有一絲安慰的平和湧起來平衡我現實生活的痛楚。

妹拿去了我的錄音機和錄音帶，我知道她跟我一樣，常浸在笛聲裡去承受、享受……我不敢告訴她有關阿基的一切，我不願沉溺於如此深沉的悲愴，這對荏弱的她絕無好處。我一直想要再錄些輕快、柔和的提琴小品給她，可是我的經濟竟一直都不寬裕，沒有能力支付這一筆額外開支。也就祇好讓她一遍遍放著，在一盞燈下，小瞎貓蜷伏著，她一面做功課，一面就讓這笛聲一波一波地滲透……。

(三)

想得到，該來的麻煩總是會來的，先是房東的女兒說話，嫌妹的房裡貓氣味難聞，連房外都嗅得到；跟著就是房東太太親自出馬，找到我提出抗議：說妹妹上學的時候把貓關在房裡，那一聲聲的貓叫吵得人神經分裂，幾個夜間部的學生都不能看書，要不是妹妹的房門是鎖著的，房東早就把貓揪出來擲掉了。現在兩條路讓我選擇：一條是丟貓；另一條是搬家。她當然沒注意到那是一隻瞎貓，不能放出去是有理由的，她斬釘截鐵的條件也是有恃無恐的，雖然是違章建築，但是房租便宜，地點好，不怕租不出去。

錢不夠，房子絕不能搬，那，就祇有丟貓。

我一直在想，有什麼理由可以讓妹相信貓是自然失蹤的，而不是我丟掉的。想來想去沒辦法，妹——她照顧那隻貓是那樣地細心。

祇有明白地跟她說了，曉以利害，她很懂事，應該知道這是無可奈何的事。特別早點下班來等著她，跟她說。門口望著，不遠處就是公車站，好多黑制服的女生下車，是妹讀的那所高中，沒錯，一個個的，三兩個一群的，沒有她，等下一班，下一班又沒有，後面的那輛一定就是了，也沒有……一個個下車，一個個走近，走過，都不是。怎麼回事？是學校有事？

做清潔值日、做實驗？還是車太擠沒搭上？總該不會有什麼意外吧！禁不住擔心。今天是怎麼搞的？經常回來得晚，一回來就能看到她，從來就沒擔心過，今天不同，老是心神不穩，等人眞不是滋味，往常妹在家等我回來，是不是也一直像這樣疑神疑鬼提心吊膽的？再等兩部車，要是再沒有，恐怕眞是出了事，得打電話去學校問，要不然就是趕緊去跑一趟。

一部、兩部，沒有，眞的沒有，糟！不妙！去打電話吧！慢點！後面又有一部來了，再等等看，這部沒有，立刻去打電話，絕不再猶豫，一定是出了事。車停，車門開了，專找黑制服的，別的不管，一個、兩個……那不就是妹嗎？哼，回來得這麼晚，害得我擔心，等她過來一定得好好問問她。

黃昏，還有點殘陽，妹走著，拖個孤仃仃的影子，背有點駝，是書包太重了吧！應該不是，書包是掛在肩上的，不是背，她爲什麼會駝背？是讀書老彎著腰，低著頭？一定要叫她挺胸抬頭，否則這樣怎麼得了。十六七歲的姑娘像個小老太婆，現在的社會女多於男，以後誰會願意來追她？老處女，嫁不掉，沒有約會，週末星期天就祇有耽在家裏看電視，不行！絕不行！看過那電影，十六七歲的少女都是健美的，穿著比基尼在玩衝浪，笑得好開心，好爽朗，露出一口整齊的白貝。我的妹妹呢？她沒有比基尼，就算有也一定不合身吧！不豐滿、沒曲線，現在她沒機會衝浪，以後，以後的機會也很渺茫。她祇是天天刻板地上學、放學、做功課、讀書，唯一的一點點的快樂是一隻小瞎貓，而現在我這做哥哥的正要剝奪她這僅有的一點……。

我和妹、妹和小貓之間的層次剎時鮮明起來，保護妹是卑微的我唯一小小的肯定；而妹的寄托是在比她更弱的小貓。她要在付出之後才能肯定、平衡，和我一樣。

看著她走近，晚風裏又發覺她在瑟縮。唉！老早就想替她買一件毛衣的，到現在都還沒買！

看到我，妹有點奇怪，對我笑笑。唉！這位少女怎麼連微笑都是落寞的……

「哥哥，你今天怎麼回來得特別早？」

「明天要出差，去南部，快進去加件衣服，小心受涼……。」

（四）

還是祇好向現實低頭，瞞著妹做了這件無可奈何的事。想著就算是妹會氣惱痛苦，我不在她也祇好忍著，等我出差兩天回來，或許她已能稍稍平復。

出差前，用紙袋裝著那隻小瞎貓，還帶著些小魚乾。下著雨，匆匆地把牠放進路邊的一個垃圾箱裏，放下小魚乾讓牠吃著。正要走開，牠竟然掙扎著要爬出來，連魚都顧不得吃。難道牠眞的會知道處境危險，把牠的頭按下去，垃圾箱的蓋子壞了，雨點打在牠的瞎眼上。一直叫著，掙扎著，想必是太冷。唉！沒辦法，旅行袋裏找找，犧牲一件舊襯衫，把牠裹起來，放進去，這樣暖和得多了。還怕牠找不到魚乾，再拈起來放進去。總算是仁至義盡了。走開去，回頭看看，還好，牠沒再鑽出來，不曉得是不是還在掙扎，還在叫，雨很大，聽不見……。

南下參加總公司年度績效優良人員表揚。

禁不住興奮，車上同事們見著我，多是一副笑臉。

「恭喜！恭喜！」

「沒什麼好恭喜的呀！」明知道他們指的是什麼，還想從他們的口裏多探出點消息來！

「嗨！小林！你這是反穿皮襖裝羊是不是，就要補正式啦！」

「只怕沒我的份吧！」

「這回一定有啦，人事處的名單裏有你，而且……」

「而且什麼？」

「你是眞的不知道，還是裝的！」

「眞的是不知道！」

「咱們的頭兒，夏老，替你在總經理面前說話啦！」

眞的！是眞的？夏老眞是個長者，提拔後進竟是如此仁厚，不居功，連我本人都不知道。唉！也不枉我這兩年來的埋頭苦幹，總算是有人知道我、賞識我。臨時人員改正式，這下好了，想想看：一個臨時人員每月不到三千塊，兩間房的房租就去掉了一千，剩下二千是我跟妹的全部生活費，光是吃就不夠，全靠加班來貼補，精打細算之後還是捉襟見肘。什麼娛樂都沒有，公司裏的旅遊我從來都不參加，妹也是從來不參加要繳錢的活動，我們的週末假日就是窩在家裡看書，最多到那條溪邊去走走。時時提心吊膽，怕接到一張不能不繳錢的紅帖……現在好了，改正式之後，薪水至少要多一倍，想想看，那該有多好，該有多好，一切問題解決，妹妹的牙齒可以修了，上次估計過，一共要八千，可以不怕搬家，可以買毛衣，當然更可以多錄幾卷輕快的提琴小品……好像他們已經在注意我了，別讓他們笑話，不要幻想，該來的一定會來，不該得的想也是白想。

也應該成個家了吧！公司裏單身的女同事很多，雖然我一直沒和他們打交道，但那些有意無意的眼波、微笑，偶然間流過來是絕錯不了的。想想看，選擇選擇：康小姐長得不錯，眼睛水汪汪的，聽說她是富家女，明年準定出國，不能高攀也不敢高攀，算了！劉小姐，服裝最佳，一天換一套，太浪費，以後恐怕也祇好嫁個富而多金的老頭，捧棺材板，窮小子絕供不起她，不合適。秦小姐蠻文靜的，氣質很好，祇是同事小陳早已對她展開攻勢，而且宣佈請大家多幫忙，骨子裏其實就是警告禁地莫入，君子不奪人之好，算了！……此外還有誰？有主的不談，噢！對了！還有黃珍珍，和我一樣，也是個臨記，樸實秀麗，規規矩矩的。那天她拿著公事來請教，微笑著靠得很近，嗅得到她的香氣，很清雅高尚的。當然她可以不必靠那麼近的，一定是有點意思，這種事難道還要人家小姐明白表示？不懂的就是笨蛋。好吧！回去上班約她看看，但不知以後妹跟她會不會相處得很好？姑嫂之間的麻煩，以後我會不會爲難？夾心餅干裏面的夾心！哈！我怎麼會想這些的？妹都高二了，再一年就上大學，我總不必等她大學畢業再結婚吧！長兄之責，去他的什麼責任！憑什麼我就一定要做保護者？爲什麼我不能做被保護者？我的疲倦、空茫，眞想跟妹換換位置，換我來當弟弟、妹妹。要是我有個負責的哥哥姊姊那多好，天塌下來都有人頂著，我可以舒舒服服地躺著看小說吃零食，兄姊不但捨不得呵責反會更疼愛，不是我撒嬌，是我在幫他們的忙，製造機會讓他們扮強者，滿足他們的英雄感。

眞有一股想要擺脫的衝動，別以爲我不敢想不敢說，我都敢的，我就敢觸及那些深深的層面，而且也敢血淋淋地把它切開來正眼看它。可是，想歸想，要做還是做不到，不是什麼責任道德倫理親情，而是……要是生根在我心裏的那份悲憫。祇要妹的孤苦無奈的荏弱眼光顯露，那就是她最利的武器，刺中我，使我驚覺逞強之後所得的必然是可悲的空寥，就爲要逃避這腐心的空寥，我祇有認了。

(五)

南部下著大雨。

報到後，看到我們的頭兒夏經理在那裏，過去鞠個躬。夏老看著我，很注意地看著，彷彿是很有深意似的，這是怎麼回事？夏老的話更古怪，說年輕人要能經得起磨練？磨了二年還不夠，難道工作績效不管用，我還得繼續作臨記……噢！不行啦！夏老！夏老走開去了，我心裏像是吊著一塊鉛。

慶功宴上，我牙縫裏嵌著條牛肉絲，弄斷了好幾根牙籤還挑不出來，該死的爛牙。總經理宣佈新人事，改正的只有三個，果然沒有我……奇怪的是輔導組的調查工作卻指定由我兼辦，兼辦不兼薪，難辦的事給我，名義待遇不給。噢！這算什麼？心裏一急，牙籤又斷了一根，直嵌進牙縫裏，悶漲著一份隱痛……唉！不用我也就算了！爲什麼還要把吃力不討好的事加到我頭上，弄得我不上不下十分尷尬，明處看好像是重視，事實上我自己明白這有職無權的事很難做。一肚子苦水祇好往肚裏嚥。

或許夏老的話就是暗示，這是磨練，也是機會，就看我能不能沉得住氣，繼續再努力再忍耐再等待，這份兼職要是做好了當然是應該有升遷機會的。好吧！我願意再努力，我願斂芒不求璀璨，淡泊的心性可以支持我，但這種溫飽不足的拮据確是使我難堪。而我旺盛的生命動力還在不斷地吶喊著要求突破，應當要能有正常的進展成功，否則我怎能平衡？我不甘心我不甘心啊！

公司慰勞，住山頂觀光旅社。下著雨，很冷，屋裏有豪華的裝潢陳設，屋外的山景在雨霧裏迷濛。旅社裏有一處棚架，一種不知名的植物攀附著，開著綠色的小花，清冷秀麗的綠，綠得奇特，小小的、楚楚的，輕搖著一種眩目的淒美，美得叫人想哭。有一股悲憫湧起塡塞胸臆，妹！是妳嗎？妳就是那一朵，小心點，不要那麼快就掉下來，妳該是有權等到風雨過後陽光熙和的，再長大一點就能綻放璀璨了，妳不能夭亡，不能！啊！不！

冷風裏注視著的一朵悄然下墜……。

妹不是這朵，妹是那一朵，小心點。冷風裏妳在輕搖，妳又要落了！好吧！妳下來，不要怕，有我在，有深愛著妳被妳唯一信賴的哥哥，下來吧！讓我用寬臂擁著妳，是妳的臉，我熟悉的荏弱落寞的微笑，悄然墜下，珍惜地捧著在掌上，我眞切的溫熱啊竟然無助，妳小小的淒美竟在瞬息間萎謝……。

巴山夜雨，秋池已漲，我心底刻骨的悲惘之潮高漲捲起。

妹！妳還好吧！總該不會有什麼意外吧！還有一天，還有一天我就回來了，一共衹離開妳兩天，妳不會怎麼樣吧！妳只是在爲失去的小瞎貓擔心難受，那小瞎貓怎樣了？也許已被一個好心而有能力的人發現帶回去收養了。如果不然，牠會蹣跚地爬出垃圾箱來，在淒風苦雨裏哀鳴著，然後……死在不知躲避的輪下，或是牠滾落到深溝裏，此刻已經冷了、硬了……悲苦的靈魂離去之後，剩下冷硬的軀體。我最怕想的偏偏最容易想起。老貓已經先走了一步，小瞎貓追著去，另一個世界裏牠們能再相依？小貓吸著母貓的奶，母貓愛憐地舐著牠的孩子。妹！妳總該不會去追娘吧！去另一世界去賡續那份相依？喔！不！妹！妳不能，妳不能離開我，不！是我不能離開妳。妳知道，妹！我想過了好多的層面，現在終於明白了，我和妳同是涸轍裏的小魚，我們需要相濡以沫，誰也不能失去唯一相依的同伴。

妹！我這就去找回那隻小瞎貓來還給妳，明天一下車就去找。下雨天，那垃圾箱不會有人動的，貓有九條命，牠不會死的。不管房東怎麼說，一定要搬就搬吧！反正總能活下去的，我會把那小瞎貓抱在懷裏，把牠溫溫熱熱的荏弱送到妳手上，把我眞切的溫熱給妳，使妳安心使妳快慰。妹！妳等著！請妳等著！妹……。

六七、八、十二、十三　中華副刊

蛇嚙

從女秘書的新居「蜜月套房」出來，謝玉貞傍著方逸，兩個人默默地，走在這高級住宅區幽靜的夜色裏。

玉貞的一雙手叉在腰間，微微的霓虹燈照著，微微的銀色照著她手腕的白皙。方逸不經意的一瞥，她擺著的自自然然的一個圈圈，不正是在等著他去挽的嗎？夜色不錯，很有點情調的，是應該去挽著她的，可是……

可是，這晚上老覺得怪怪的，方逸老覺得臉上燙燙的，當然不是發燒，是蜜月套房裏的那份甜膩的熱，帶到這清涼的外邊來還是揮不去散不掉的。腦子裏繞著的儘是那份濃濃的色香，淡紅的燈暈，踩著又軟又厚的地毯飄飄然的感覺，洋酒、音樂、豪華裝潢、擺設，女客們的嬌美……

還有那些話，男同事們放肆的話，躁著熱氣在耳邊悄響著：

「七十萬，才十五坪，裝潢用具再加五十萬，一共二十萬，乖乖龍的咚，韮菜妙大蔥。」

「一百二十萬，夠你賺了吧！」

「一個月賺一萬，要一百二十個月，剛好十年，十年裏不吃不喝，還得狠下心不管老婆孩子，嘿！」

「別洩氣嘛，大丈夫當如是也，削尖腦袋瓜拼命鑽，拼命往上爬，十年，爬到個總經理，你老哥也可以金屋藏嬌，一百二十萬，修瓜帶西啦！」

「對！對！就算爬不到總經理，搞個業務經理之類的也不錯，最少限度，包個午妻一定沒問題。」

「你們知道這裏的門牌嗎？」

「不是××大廈嗎？」

「不對！這裏叫三號！」

「什麼意思？」

「笨瓜，這你都不懂，這是總經理的第三號小公館，另外還有一號，二號。」

「是誰？也是我們公司的？」

「聽說一個是歌星，另一個什麼來頭不清楚！」

「那還有什麼好來頭，不是舞女，就是……」

「我們總經理眞有辦法，四處公館，一明三暗，一趕四，眞有那麼大的精神？」

「他一禮拜來幾次？」

「一次，最多二次！」

「那……我們的秘書小姐不寂寞？」

「當然寂寞囉，小張，你管總務的，多來獻獻殷勤，說不定……」

「還是你老兄吧，青年才俊，配得上，我算老幾！」

「別客氣啦！」

「噓！來了！她來了……」

女主人出來了，高高的，姍姍地，居然沒打扮，一頭黑髮鬆鬆地向上梳著，穿著件睡袍似的東西，長長的直拖到地，光著腳，趿一雙繡花拖鞋。一陣香氣，好濃，象牙色的手臂從寬袖裏伸出來，像是位尊嚴女皇似的，優美地那麼一揮：

「各位先生各位小姐，喝點酒呀！」

套房的另一頭起了陣嘰喳，做主人的微笑著望過去：

「嗨！你們在幹嘛？鬼鬼祟祟的。」

「我們在打賭！」

「賭什麼？」

「不敢說！」

「不敢？爲什麼？」

「怕妳生氣！」

「好！我不生氣，你們說！」

那一角起了陣騷亂，七嘴八舌的。「她答應啦！」「賭了的要算數哦！」「當然算數」

「老趙，你來說！」「不行啦！不好意思！」「用寫的！」「好！就用寫的！」

一張紙片被送到茶几上，女主人拈起來，笑吟吟地：

「一個問題，小姐，爲什麼妳香閨裏用的是雙人床？哈！問得好！以爲我會害羞，說謊，故意說我睡相不好，睡單人床就會滾下來是不是？錯啦！我一點也不在乎，這問題，其實你們大家都明白，理由很簡單，因爲，有時候，這床上睡的是兩個人！」

「好……」

「好棒……」

女主人在轟然的掌聲中優雅地行謝幕禮，然後是精采好戲開始前的一陣出奇的安靜：

「打賭，賭這件袍子裏面沒有任何的衣服，十比一，哈！佩服，誰的眼睛是帶X光的？」

「……」

「好吧！我宣佈，帶X光的贏了，猜對了！」

第二度的轟雷與高叫揚起時，方逸分明聽到身邊有個細細的女音說：

「她眞大膽！」

「要不是這樣，總經理怎會要她。」

高高的，綽約的身材，儀態萬千地在行著謝幕式的禮，豐滿的曲線自那襲寬袍下漾起波浪，一波一波地動著、扭著，象牙似的手臂揮著舞著，許多條不同的手臂舞著、動著、擠著。方逸的手臂卻舞不起來，祇覺得悶熱，一團窒息的悶熱，恍恍惚惚，那窖藏著長久的記憶又穿透時空迫來：掀開一堆草，赫然出現一堆蛇，擠著，動著，扭著……方逸陡然覺得一陣噁心，趕緊掩著嘴，踉蹌地奔將出來……

玉貞是關心他的，也跟著出來，總算好，方逸沒吐出來。既然出來了就不必再進去。方逸是該去挽著玉貞的，祇是不知怎麼老是懶懶的，有點虛脫似的。

「小方！」

「嗯！」

「你不滿意人家葉秘書是不是？」

「太過份了！」

「太過份，你憑什麼說她？這是她的家，她高興當她的姨太太，高興光著身子穿睡袍，是她的自由，關你什麼事？」

「玉貞，妳……」

「我問你，你能不能收起你那些老古板的念頭，學著去尊重別人？」

「要我去尊重她，她不能尊重自己，叫我怎麼去尊重她？」

「她有什麼不好，我敢說她一定很尊重自己，她選擇的生活方式是她自願的，祇要她自己覺得快樂就好！」

「這種生活，總不能算是正常的吧！」

「有什麼不正常，葉秘書和總經理，他們兩個都是自願的，沒有勉強，沒有勉強就是正常，祇有你自以爲是的愛管閒事才是不正常！」

「好吧！就算我們不提什麼家庭責任道德倫理，像葉秘書這年紀，應該有戀愛才對，她這樣情形，豈不是耽誤了青春。」

「誰說她沒有戀愛！我就知道，她現在正在戀愛。」

「眞的，那人不知道她……」

「知道了又有什麼關係，她除了不是處女以外，其他什麼都沒變，一週之中，她祇要留一天給總經理，其他的時間全是自由的，她愛怎麼樣就怎麼樣，總經理不會反對她接受別的男友；她的男友也不會反對她接受總經理。愛情是愛情，生活是生活。她跟總經理是生活；跟她的男友是愛情，你懂了吧！」

方逸搖搖頭，堅決地說：

「我不懂！」

玉貞忽然停下腳，望著方逸，聲音裏透著有點急迫：

「你不是不懂，你是反對，是不是？」

「不錯！我是反對！」

這一句很大聲的，方逸喊了出來，才覺得那份蛇嚙著的噁心感覺已經沒有了，好暢快！玉貞居然不吭聲。帶著點奇怪去看她，一看之下，更覺得奇怪，她的臉，這時變得好白，好蒼白一。

「方秘書嗎？」

「是的，我是方逸！」

「陳協理請你馬上去他那兒！」

「好的，謝謝妳，我這就去。」

放下話筒，方逸在想會是什麼事？高階層主管召見，很難得的，不簡單。會是什麼事？得趕緊先準備一下。喔！是了，是有關南部分公司的組織章程，幸虧自己已經擬好了底稿。這回送上去，說不定能受到重視，說不定會被賞識。分公司成立，公司人事會有大變動，說不定能有擢升的機會，秘書已經幹了四年，有機會也該調整調整了。會是什麼機會：課長，還是主任……甚至於襄理……。

方逸禁不住有點飄飄然，興沖沖地挾著卷宗去七樓，最高階層、電梯、愈往上升愈是些挺胸壘肚的大字號人物。進進出出，有的還啣著根大雪茄，眞神氣。方逸堆著一臉的笑，不斷地鞠躬：「王主任您好！」「邱副理好！」

「史協理您好！」「忙嗎？」「還好，不太忙！」「去幾樓？」「七樓，陳協理召見！」「噢，是什麼事？」「還不知道哩！」逢人且說三分話，就是知道也不能告訴你們呀！說話謹愼的人最可靠，必然有機會往上爬。

到了，門是關著的，方逸下意識整整領帶，儀容應該是不差的，幹練而又謙虛，可造之才，外表給人的印象最重要：內材嘛還在其次。輕輕地叩門：

「進來！」

一進門，喝！了不起，幾乎全是一級的當權派：陳協理、王協理，人事處的屠經理、會計處的張經理，還有個最惹眼的，董事長的小舅子，常駐監察人姜民獅，外號人稱「僵屍」的。一屋子的人都是站著的，祇有他一個例外，癱在沙發裏聚精會神地在看一本小書，連方逸向他行禮都沒看到。

果然就是爲了南部分公司的組織章程，方逸恭恭敬敬地呈上卷宗，陳協理隨便翻了翻，對大家說：

「方秘書是老手，他擬的草案絕沒錯，嗯！不錯，很好，祇是這第二章，屬於人事組織的，尤其是分公司經理人選產生的方式，最重要，此外還有經費，大家要商量一下，嗯，好好地從長計議！」

人事處屠經理，皺著眉頭看屋角的姜民獅：

「嗨！小姜！你這是怎麼回事？連你自己的事都不關心？」

僵屍懶懶地站起來，陳協理把卷宗遞給他，他不接，搖搖手說：

「我關心，我關心什麼？有你們各位幫忙，我就等著去走馬上任嘛，你們看著辦，一切我都沒意見，我祇要當分公司經理，你們要我怎麼做，我統統照辦，一句話！」

「話不是這麼說的，就算董事長那邊沒問題，汪總經理那邊，還有何董事他們，難保沒有意見！」

陳協理的表情很嚴肅，王協理聽著一直在點頭，語意深長地提醒姜民獅。

「小姜，何董事跟你的過節好像很不小呵，他一直在說你的博士學位是買來的，去一趟日本祇是玩玩，什麼經濟博士，跟本祇是個野雞大學買來的假招牌！」

「他胡說，姓何的這老小子恨我，祇是因爲我搶了他的曼麗！」

屠經理豎起了大姆指，衝著僵屍哈哈一笑：

「好老弟，有種！酒國皇后曼麗，老何包了她好幾年，你這一回國，就給他來上個橫刀奪愛，哈哈！眞有你的！」

「說穿了也沒什麼！曼麗有什麼稀奇，我姓姜的什麼樣的女人沒玩過。這年頭，公平得很，大家比嘛，姓何的有鈔票，我姜民獅難道會比他少；再說我比他年輕至少二十歲，人家曼麗又沒嫁給他，是她自己願意倒到我這邊來的，姓何的憑什麼資格呷飛醋？」

「有名的姜太少，姜博士，潘驢鄧小閒，你老弟任何一樣都比他老何強。咳！老弟，你老實說，在曼麗那邊，你一共花了多少？」

屠經理問得熱切，僵屍手一擺，一付毫不在乎的氣派。

「修瓜啦！一層公寓一百萬，另外十根大條！」

「不是十一根嗎？」

「十根，那來的十一根！」

「還有你自己的一根嘛？」

「哈哈……哈哈……」

一屋子的哄笑，方逸感覺到踧踖，像是一頭小羊誤鑽到獅虎群裏那樣，孤仃仃的，想溜，又不知該怎麼樣溜。那窖藏的經驗又來了，好多條蛇，大蛇，吐著紅信，森然的白的尖牙露著，四方八面地迫近他，冷笑著要咬下來……

還是陳協理最老練，一眼看到他，趕緊說：

「方秘書，你去那邊坐坐，等一等。」

笑聲陡然停止，所有的眼睛都盯著方逸，都是獅虎般的，居高臨下的冷冷，懷疑與不友善的。陳協理眞老練，他說：

「方秘書是自己人，沒關係，沒關係，咱們這夥隨便慣了，方秘書不會見怪的。嘿嘿！老屠呀！方兄的年資也很久了吧！這回出力不少，以後，都是自己人嘛，有機會……」。

屠經理的笑容可是眞親切，走過來，拍拍方逸的肩：

「方老弟嘛！年輕幹練，更好的是謹愼，謙虛。嗯！當然，這回人事調整，少不了要多多借重……。」

很明顯的收買，眞想不到，希望就在這一瞬間具體了，具體得幾乎可以摸得到，握得住。課長、主任、襄理……眞好！出頭了！來得太突然，更糟的是來的方式和方逸想像中的不一樣，所以感覺也不同。本來應該有的欣喜興奮，此刻竟然都沒有。直覺還是一群大蛇，吐著紅信，要叫他加入，加入。可是方逸自己知道是羊，能不能改變？不知道。

還是白領階級多年來的習慣，方逸在不自覺中又用上了。鞠躬、微笑、很好，當然這就是道謝，跟電視劇裏的一樣。「奴才謝主子恩典」。「謝謝老板賞飯吃。」「卑職叩謝大人。」……沒說出來，不要緊，主子們知道。主子們接納奴才的忠心。當然最重要的是要好好地幹，聽話，不亂說話。當然，絕對聽話，小的絕沒有意見，大人的意見最好，大人的意見就是小的意見，小的牙縫裏絕迸不出半個「不」字。大人們都是對的，絕對的對。小的怎會說大人們的壞話，要是有人說大人們的壞話，小的就跟他去拚命，即使受傷也不打擊，大人們會高興，加薪，不能加薪就另外給賞，反正總有方法叫小的感激涕零的，根本不必擔心。當然還會再高陞，衹要牢記著一個「忠」字，學做忠狗，一定飛黃騰達。以後，說不定會成爲陳協理或僵屍的左右手，甚至跟他們平起平坐，和他們一樣地打哈哈，一層層公寓一百萬，十根金條，加上自己的一根，十一根。喔！下流！誰說下流？大人們都是上流人物，上流人物說的話，當然絕對都是上流。

方逸退坐到沙發上，手心一直在出汗，臉上一直繃著那種習慣的謙卑的微笑，繃得眞有點酸。看看那邊，沒人注意他。他們正在討論分公司經理產生的方式，祇能用一種萬無一失的方式：由董事長提名，就提姜民獅，有什麼關係，內舉不避親嘛。當然要經過會議，形式一下，哪些人出席？最好是規定，咱們這一派的一定要佔半數，不！要佔半數以上，總經理何董事那面的也有幾個，點綴點綴更好，民主嘛！還要有些中間派的，開會之前就先去連絡，當然要化費一點的，沒關係，祇要是差不多的條件都可以答應，支票先開，以後慢慢地再兌現，看情形如何再決定，說不定黃他一牛，黃牛有什麼關係？分公司經理到了手，還有什麼顧忌？

方逸有點無聊，剛才僵屍看的那本小書就在身旁，拿過來看看，翻翻看。啊呀！圖文並茂，了不得，原來是這種書……趕緊放下，放回原位，僵屍沒看見我動他的書吧？瞄一眼，還好！僵屍正在發表高論，如果他當不成分公司經理，他就要策動公司全面改組。董事長一定照辦，原因很簡單，董事長天不怕地不怕，祇怕他太太。而他太太就是我姜民獅的親姊姊，我姊姊也就只有我一個弟弟，她一向寵著我，要什麼給什麼！說一不二。

眞想再看看那本小書，圖片是日本原版翻印的吧，很清楚，眞誘人的，對沒結婚的男子刺激更大。赤裸的女人、男人，交纏著，蛇一樣地交纏著。蛇！眞像是蛇，奇怪，爲什麼老是想到蛇，就算是童年那場記憶太深刻太鮮明，總也不該如此的呀！常會想起，甚至在夢裏看到，每當方逸敏感地覺得已經被人討論、被人排擠，可能很快就要遭到別人攻擊時，晚上睡覺就會夢到蛇。蟠結著的一堆，粗粗膩膩的，好噁心；或是四方八面地捲過來，森然的白牙冷笑著要咬，眞可怕！對了！怕就是答案，潛意識裏已經有了怕，就會很自然地在睡夢裏翻騰著出現。三十一歲，雖然才三十一歲，已經有好幾次被人圍攻、誣陷的經驗了。那些表面上仁義道德、微笑著的同事、朋友，暗地裏在握著尖刀痛戮。是我方逸有罪？沒有！祇是不願意跟他們一齊混，理所當然地就該被宰。這些人辦事的能力稀鬆，整人的技術卻是高明。方逸被整了，也祇是包著一肚皮苦水，自己心裏明白，說不出來。眞恨，眞想報復！洩氣的就是不會報復、不爭氣，連報復都不會，差勁、窩囊、傻蛋……。

那邊，人事問題好像是已經談妥了，正談著經費。又瘦又乾，一身皮包骨的會計處張經理正起勁地在分析：採購、公共關係、廣告、福利……方逸不大懂，但從他們聚精會神的樣子裏料得到是暗盤分配。張經理乾瘦的手臂在揮舞，其他人的手臂也在揮舞，當仁不讓，錢最重要，誰不要錢？當然要爭，爭得越多越好，就算是一伙的也還是要爭，錢就是營養，不！是食物，一切動物活著就是爲了食物。

有爭論，你一句我一句，七嘴八舌地搶話頭……方逸在看著、聽著，腦子裏翻騰著暈眩。雖然同在一間房裏，卻覺得好遠好遠。咬咬唇，努力集中思想，他們爲什麼找我，爲什麼把我當自己人，什麼緣故？呵！是了，上回聯合起來害我的那一伙。總務處小張他們，都是汪總經理的人。陳協理這一派專和汪派的作對。知道我方逸不是汪派，所以拉我……原來如此！所以是「自己人」。嘿！眞妙！我方逸還沒寫賣身契，就已經被封爲「自己人」，眞快！兩窩蛇，不和的兩窩蛇，小張那一窩冷笑著咬我；這一窩就來招引我，邪邪地招引，去不去？羊也能變成蛇嗎？也許時間久一些就可以，不行不行！該好好地想一想，羊是不是應該變成蛇？這是原則問題，該冷靜地想一想！

門外有「篤，篤！」的聲音，屋裏的爭論戛然而止，陳協理很威嚴地，朝著那扇門：

「進來！」

一張粉臉探進來，烏黑的眼珠一掃，張經理那付皮包骨的身子陡然彈簧似地跳起，急急忙忙說：

「各位，原則就這樣決定，我還有事，先走一步。」

皮包骨十萬火急地抓起外衣，衝上去跟粉臉會合，鑲著橡皮的門闔上。粉臉雖祗是驚鴻一瞥，但方逸已經看到她是會計處的陸小姐。

屠經理怪聲怪氣地嚷：

「好兔不吃窩邊草，老張這樣做，未免太招搖了些！」

王協理皮笑肉不笑地直搖頭：

「這就叫做上行下效，老汪還不是一樣，那姓葉的小妞，調去總經理室不到兩個月，就被他搞上了……」

僵屍用一根手指摩著仁丹鬍，問屠經理說：

「會計處的這妞兒不錯，以後能不能調到臺南去？」

屠經理大笑，指著僵屍罵：

「小姜呀，吃著嘴裏看著？你又想橫鈔奪愛？這妞兒是老張的，不好意思吧！」

「不是不是！我是看她一臉的機伶像，自己人嘛！反正到那邊會計方面一定要用人，給她個調升的機會。」

「這妞兒纏功精得很，老張自己說的，才不過一年多，體重就掉了十幾斤；錢被她刮了不算，一身肉也都快被她吸光啦！怎麼樣？小姜，我看你也並不怎麼胖，想用她來減肥？」

「嘿嘿！她要是眞有工夫，我倒願意試試！」

「算了吧！人家老張把她當個寶似的，誰要是多看她一眼，老張就忍不住有氣，不會答應的，免傷和氣，算啦！」

陳協理在章程草案上寫著字，寫完了叫大家看，都同意、點頭，招招手叫方逸過來：

「方秘書，要改的地方都註上意見了，還是得偏勞你。」

「是！」

「最好快一點！」

「是的，今晚我帶回去做，明天一早送來！」

「很好！你請吧！」

僵屍在伸懶腰，直嚷著：

「好累！好累！」

屠經理說：

「我就這打電話，咱們四個一齊去，來上個幾節，管保你疲累全消……。」

方逸鞠躬出來，挾著卷宗，一直在電梯裏想：不知道「幾節」究竟是什麼？

公司的高階層會開過了，高級人事已經有了決定，僵屍果然出任新成立的南部分公司經理，臥病已久的許副總經理改任常駐監察人，陳協理升坐副總經理。這一仗，汪何一派大敗，陳姜一派大勝。陳姜派的勢力，勝了還不過癮，傳說汪總經理不久就要出國去考察，一去不回頭，陳副總經理會再升一級，成爲名符其實的公司首腦。

跟著就該是二級、三級的人事發表，整幢七層大樓亂哄哄的，陳姜派的個個滿面春風，雖然都還沒正式發佈，但內幕早已傳開。準新貴們已在接受同事們的道賀。到處都聽得到：「恭喜恭喜！」「聽說要高升啦！」「哪裏哪裏！」

已經有人向方逸道賀，傳說調升的名單裏有他，但還不知道新職是什麼？汪何派的人，本來見著他時總是趾高氣揚的，最近也突然變得客氣起來了。衹是方逸覺得他們笑得好像有點不自然，陰陰的，不同於一般的卑恭，倒像是有點嘲諷的味道，怪怪的。

週末的上午，方逸習慣地整理抽斗。心裏在想：這張坐了四年的四斗桌快要換了。新辦公桌不知是六斗課長級的還是八斗主任級的？反正一定比現在這張大就是了。對面宋翠蘋小姐的桌上電話鈴不斷地響，是週末，這位美麗的小姑娘又在忙著拒絕邀請。她倒是挺溫和的，總是給人家保留面子，說話的聲音總是那樣溫柔的，就是拒絕叫人聽起來也舒服：「謝謝您，眞抱歉，眞的沒空，我媽要帶我去外婆家！」「明天，不行啦！我還在外婆家，嗯！在新竹，要很晚才回來，對不起呵！」「下週一也不行，我爸爸在╳大講演，我要去作記錄，是呀！我本來就很乖嘛！別見怪哦！再見！」

翠蘋的爸爸是╳大的教授，也就是方逸的老師，方逸跟她是前後同學，她是小師妹，商學院畢業來公司做打字員。還不到一年，她的純美溫柔就已經出了名。追她的人不計其數，小師妹還是小師妹，一點沒變，和她爸爸的性格一樣：有原則，每天上班下班、敬業、溫和，就是不肯隨俗。禮物照退，情書不看撕了進字紙簍，週末在家裏陪爸爸媽媽。

小師妹的溫柔是公司一絕，無人不知。有人碰了她，她不但不生氣，還會笑著對人說：「對不起！」眞絕！年輕同事裏有不相信傳聞的，藉口來找方逸，找機會去碰碰她，果然都能得到個「對不起」。到後來這玩意被方逸看破，拉著這些混球不許他們去碰，同時也明白地告訴小師妹叫她防著點。小師妹也怪，既不好奇也不害怕，祇是睜著雙大眼睛微笑，輕輕地說：「沒關係，方大哥，謝謝你！」

這樣的一株清麗脫俗的蘭花，方逸看著她：白白小小的，不塗蔻丹的手指在鍵盤上起落，一會兒又忙著去接電話、微笑、委婉、清脆的聲音，一頭黑髮披到肩上，像是一泓柔瀑。小小的菱形的唇，不用唇膏而自然鮮紅的。一向沒去注意她，當然有理由，第一她是小師妹；第二自己早就有了玉貞。一向總拿她當妹妹的，同事們起初都不信，甚至連玉貞都曾經疑心過，說他雖是志誠君子，可絕不是什麼柳下惠，每天面對著美女竟然會無動於衷。好吧，歡迎大家調查，事實證明一切，玉貞愛著自己，不就是欣賞這份堅貞的愛情嗎？

小師妹推得掉約會，推不掉伴送。每天下班，她能推得掉任何私家車的相送，推不掉伴送到公共汽車站的這一段。方逸也知道，這該是師兄的責任，可是一週裏也祇能伴送她兩次，星期三、六。這兩次是玉貞固定回基隆的日子，方逸沒事，正好送小師妹。

今天是週末，方逸在想：以後辦公地點換了，可得記住星期三六來這兒伴送她，別讓她誤會升了級就不理她了。忽然又記起老師說的：翠蘋下一年就要回系裏去作助教，公司這一年衹不過是讓她經歷經歷。助教，多好！待遇不高，但那種進展中的充盈感受不就是要藉著那平實的生活才能建立的嗎？記得老師說李斯的故事：「人之賢與不肖貴在自處。」選擇與性格相合的環境最爲重要。這間華麗的大公司有什麼好，可憎、可厭，一個大染缸，掙扎著不願被染，可是愈沉愈深。唉！好可悲！算了！不要去想它……

聽她一遍遍以同樣的話回絕邀請，忍不住問：

「翠蘋，師母眞的要帶妳去新竹？」

「假的！」

「撒謊的小丫頭，總是拿老師跟師母作擋箭牌！」

「不這樣，怎麼辦嘛？你有什麼好法子，教教我！」

「給他們硬釘子碰，話說得重一點，好叫他們死心，省得操心！」

「不行啦！爸爸說的不許對別人無禮；而且……而且我也眞的不會，不會做什麼釘子給人家碰！」

「明天老師在不在家？」

「在呀！玉貞姊去了基隆，你要不要來我們家？」

「好吧！我來！」

「來吃午飯，好不好？」

「不好意思打擾！」

「很方便的，我們包水餃。」

「妳包的？」

「媽媽和我包，我比她快，你會不會包？」

「我會！」

「那你明天來，我就跟你比賽。」

「好！我來！」

桌上電話鈴響，方逸拿起來：

「我是方逸，是的，啊！是屠經理，是是！啊！什麼？去臺南分公司，是是！職務很好，喔！當然當然……當然感謝，有點不便，是有點不便，不太重要，對！每週可以回臺北，好！我會考慮的，謝謝，謝謝……」

放下話筒，翠蘋看他臉色有點不對，怔怔的，問他說：

「方大哥！你怎麼啦？」

「我……調職啦！」

「什麼職務？」

「臺南分公司文書課課長！」

「恭喜呵！方大哥！怎麼啦！你不高興，是爲了玉貞姊，一南一北，以後不方便是不是？」

「就是這一點，不方便！」

「那……你怎麼決定呢？」

「我跟屠經理說要考慮考慮，我得先找玉貞商量商量。」

「玉貞姊，現在都快下班了，祇怕她已經回基隆了吧！」

「也許她還在業務處，我去看看，翠蘋，妳先走，不要等我了！」

「好的！」

方逸匆匆下到一樓業務處來找玉貞，她早就走了。心想升雖是升了，可是實在不理想，去臺南，伺候僵屍那塊料，實在不是滋味；何況要離開玉貞，就算一週回來一次，那也是週末，週末的玉貞，固定的是要回基隆的。正在懊惱，總務處的小張迎面過來！

「課座，恭喜呵！」

消息傳得眞快，方逸苦笑著說：

「張兄，我還沒決定去不去哩！」

「方兄！一個分公司的文書課長，可也不算是什麼肥缺，比起總公司的秘書嘛，祇不過名義上好聽一點罷了。嘿嘿！我知道，你老兄還有離不開臺北的理由，不方便嘛！這叫做棒打鴛鴦兩難分，做這種安排的，沒安著好心眼，缺德！」

屬於汪總經理一派的小張，對陳姜派的一切措施當然都不滿，一有機會少不得要挑撥幾句。方逸聽了，也還不至於上當激怒。想不到小張這條機伶的毒蛇，他還有更厲害的一招！

「方兄，找謝玉貞是不是？」

「她回基隆去了，我知道！」

眼看小張笑得曖昧，方逸禁不住奇怪。看看他，一顆小腦袋連搖，竟然親切地過來，拉著方逸到角落裏，壓低了聲音說：

「她不是回基隆！」

「你說什麼？」

「我說她根本就沒有回家，沒有去基隆！」

「你怎麼知道？」

「這個嘛！我當然知道囉！不但現在知道，而且早就知道了！」

「你是說她每週都沒回基隆？」

「對！」

「那她是騙了我？」

「對！她一直在騙你，不過嘛，她這也是有不得已苦衷的。」

「到底是怎麼回事，請你告訴我！」

「對不起，這是人家的秘密，我不能說！」

「張兄！你……」

「好吧！站在同是男人的立場，我總該同情你一點的，我告訴你一個地址，××路×段×巷×號……記下了沒有？」

方逸掏出筆來記下，那蛇嚙的感覺又來了，面前的這一條正在晃動，還有好多條在暗處的，舞動著要撲過來嚙咬。禁不住問：

「這是什麼地方？」

「你先不要問，今晚上六點鐘左右，你去那兒等著，他們會出來吃飯的，你自己要注意一點。」

「你說他們，玉貞跟誰在一起？」

「當然是跟一個人囉，到時候你不就明白了嗎！你去吧！記住！要小心點哦！」

××路×段×巷×號三樓。

黃昏，屋外還有些陽光，而簾幕重重的屋內卻衹有柔和的燈光，有輕柔的音樂飄盪，和浴室裏的水聲相應和著。

女的從浴室裏出來，裹著條浴巾，赤著腳走來床邊。床上躺著的男人跳起來，殷勤地替她拂拭，浴巾到他手裏，那像牙似的胴體就再無遮攔，男的趕緊解開自己的睡袍把她裹住。

女的嬌笑著掙脫他，一面穿衣服一面問：

「許副總經理是怎麼回事？你們乘他生病把他換了，他居然沒抗議！」

「放心，姓許的不但沒抗議，還叫他太太來謝我哩！妳知道他得的是什麼病！國際梅毒，再拖也拖不過一年啦！」

「你們這些色狼，就祇會做這些，三五成群的去馬殺雞，幾節幾節的還不夠，還要去生張熟魏地亂搞。你給我小心點，你要是誤打誤撞地碰上個中山北路的，看我饒得了你……」

「我可不敢，妳是知道的，老汪明年這一出國，總經理位置一定就是我的，我得好好地保重，有強健的體力來大展宏猷。甚至我也不會像老汪那樣一明三暗的透支，我祇要有妳這麼一個小美人就夠！」

「昧著良心說話，你最少還不是一明一暗，而且暗的很可能還不止我一個！」

「眞的沒有啦！我可以發誓！」

男的替她扣上胸罩，拉好背上的拉鍊，伴著她去梳粧臺前化粧。

女的化粧最慢，男的點燃一根雪茄，才噴出第一口煙，就聽到她在問：

「姓方的事怎樣了？」

「我叫老屠通知他，去臺南分公司當文書課長，老屠有電話來，說這小子死心眼，還說要考慮考慮，我看，八成他是爲了妳！」

「當然，一直到現在，他還不知道我跟你的事！」

「本來不是計劃和他和平共存的嗎？妳說過，要我給他總公司主任秘書的，爲什麼妳又要他去臺南？」

「我試過了！我跟他的觀念完全不同，他古板得很，絕不承認愛情能和生活分開。上回在老汪的第三個那裏，他就認爲姓葉的是以肉體去換取享受，他以爲很可恥……我跟他是兩種型態的人生，他既不會改變，我也就衹好攤牌，跟他分手！」

「妳跟他的時間不算短，難道他對妳……眞的一直沒有蓋印？」

「沒有，你不相信是不是？」

「當然不信！」

「這就是他跟我們的不同，老實說，在我是無所謂的，既然能給你，爲什麼不能給他？何況我本來就很喜歡他。衹是他很固執，一直不要，使我擔心。他的觀念不能改，而我的情形遲早他會知道，在他來說，知道了之後一定是不能同意甚至諒解的。我與他既然不會有結果，我又何必再繼續瞞著他、騙他……」

男的穿好了衣服，這時忽然用嚴肅的口吻問她：

「妳對他還有情，還很留戀吧？」

女的在刷頭髮，回過頭來說：

「人總是人，我如果說現在已毫無留戀，那是謊話。衹是光有情又有什麼用？他能給我什麼？連稍微像樣一點的生活都不行。跟他去逛逛公園，吃牛肉麵，一次兩次，還能覺得有點詩意，可是絕長不了。我注重現實，我要享受，而且要在年輕的時候；而他衹重視精神，現實生活不能滿足我，就這樣，分手，會有點依戀，慢慢地也就淡了！」

看看這男的，在他眼裏可以看到感慨，他說：

「妳說得眞對，我們都是這樣，過一天算一天，我們是……」

「物以類聚……」

女的替他說出下半段，男的欣慰地連連點頭：

「對極了！就是這話！」

欣慰之中分明有一絲惘然閃逝，被女性的敏感捉住：

「你怎麼啦！」

「沒什麼，我是在想方逸，不知道他會怎麼樣？」

「他會來找我，我不理他，他再笨也終於會明白，他會自己走開的！」

「也許方逸會去找我們公司裏惟一可靠的處女……」

「你是說宋翠蘋？」

「是她，我看他們倒蠻相配的……妳吃不吃醋？」

「我吃醋有什麼用？小宋跟方逸本來就不錯，小宋的爸爸是方逸的老師，大學教授，哈！你曉得大學教授的生活是什麼？方逸告訴我的，說他老師每天一早起來洗衣服，媽媽樂變成了爸爸樂啦！哈！」

那一絲惘然又在男的眼中浮現，他說：

「也許他們覺得那樣的生活很充實，很有意義，比起我們來……他們是不是愉快些？」

聽得出他語音裏的嚮往，女的沉思了一會兒，禁不住說：

「我想……那位教授，他是能把握住他的原則的，他——一定很快樂……」

兩對眼睛相望，有片刻的沉默。還是女的先開口：

「怎麼樣？有點羨慕人家，想要改變？」

「太晚了……」

男的撳熄煙蒂，穿上了外衣：

「去吃飯吧！」

女的還在癡立著呆想，被他這一催才活潑起來：

「老汪一出國，你就得把姓葉的妖精調走！」

「當然，一朝天子一朝臣，她那機要秘書的位置，我早已決定要換人了！」

「換誰？」

「有一位既能幹而且漂亮的謝玉貞小姐，妳認不認得？」

「你討厭！」

伸手去打他，他趁機捉住她的手，挽著出來，進電梯，降到底層，私家車就在門外，男的先去拉開車門。

暮色正濃，彷彿有一雙眼睛在後面盯著似的，女性的敏感使她回頭，暗處站著一個男子，她看到那張臉，那雙眼睛，像是被蛇噛著似的扭曲著痛苦。

祇停了一秒鐘，她的身體也搖晃了一下。

「玉貞！」

車廂裏前座的聲音在喚，她應著：

「來囉！」

很迅捷、很靈活地鑽進前座，馬達發動，禁不住回頭望望，那熟悉的身材還站在暗影裏。以前，好多次，這熟悉的身材告訴過她那種蛇嚙的感覺。就是像現在這樣，她就是蛇，剛才就表演過，很迅捷、靈活地游進蛇窟，叫這熟悉的身材，燃燒著痛苦的眼睛看清楚，她是蛇，不是和他一類的。

六八、十二、四、五　台灣日報副刊

不悔

(一)

黃昏去看老林。

就跟數不清的一個個黃昏一樣，這人就窩在他單身漢雜亂的斗室裏，蜷伏在那張破籐椅上，怔怔地盯著桌上那個玻璃瓶。

瓶子是實驗室裏的那種，厚厚的，藥水八分滿，泡著個成形的胎兒。

屋裏盪漾著音樂，低沉的，一波一波地婉轉著，聽著就有一種逐漸滲透深密的感受。曾經問過他哪是什麼？祇說是小夜曲，再問他什麼曲名？搖搖頭，連他自己也不知道。瓶上貼著個小紙片，祇有兩個字「不悔」，挺娟秀的字，像一株小小蘭花的開放。時間太久，祇片都已發黃，從老林細心加上膠紙的保護，看得出這小小紙片對他的意義。

「老林，人總該有權傾吐痛苦的，對不對？這是怎末回事，說出來，說出來就會舒服點的。」

「唉……」搖搖頭，總還是那種深沉的悲愴。

「說吧！」

（二）

抗戰最後一年，我在四川，是個司機。那時候司機最神氣，「馬達一響，黃金萬兩」，就有大學畢業改行當司機的。我這機械系的竟然也不務正業，買進一輛破卡車，把它修得能管用，跑川南公路，運貨，帶黃魚（註一）。雖然是「一去二三里，抛錨四五回」的老爺車，但是我修車的技術比別人強，那陣子確實攢了不少錢。同行的在昆明、瀘州都有小公館，我沒有，我祇是一個人自得其樂。自己不帶貨，不開夜車，生意嘛高興就接不高興不接，我自己吃好的用好的，剩下錢買黃金。財不露白，沒處放，我會鑄工，黃金改鑄成修車的機械，外面塗上鎳，就在座墊下，誰都看不出。就這樣，同行裏都叫我「獨行俠」，名聲好，生意更好。

那陣子剛跑完一趟長途，窩在澡堂裏水泡皮，茶房來叫外找。心下打定主意不接，想三言兩語把生意給推掉再回去享受。

就在門口看到了她，二十來歲的小妞，長褲，套頭毛衣、短靴，好漂亮俏麗的打扮，跟當時一般的陰丹司林（註二）不同，叫人祇覺得眼睛一亮。長長的髮，像瀑布，黑黑柔柔的，皮膚是白的，但不是純白帶著點嫩黃，象牙色的。大眼睛，最靈活的大眼睛，看著你時，眞是「一泓秋水照人寒」。唉！最受不了的就是她的嘴，就是屬於美女才有的那種，唇向下彎，弧度很大，兩個小酒窩，一動就叫人禁不住憐愛。

看她的氣質，八成是個外地來的流亡大學生，那時候，在後方偏僻所在，眞難看到如此出色的女人，大學生更少，有時候整座縣城找不出一個。一見到她，我心裏禁不住暗叫一聲「完了！」這正是我日思夜想的那種女人，百萬分之一的渺茫機會，可遇而難求的那種空待，陡然在一刹那間落寞……。

「請問，你就是林先生？」

「我姓林！」

「獨行俠？」

「同行們叫著玩的！」

我有點不好意思，衹圍著條浴巾，全裸著上身，眞不禮貌；她倒是挺大方，看樣子又很急，立刻說出她要去的地方。

原本以爲她衹是想搭黃魚，已經打算好優待她讓她坐駕駛臺，她這一說地點，我的熱心一下子全涼了。

「對不起，小姐，我辦不到。」

「爲什麼？」

她要去的地方是滇東的一座山城，我跟她說實話，那兒沒有公路，從這裏去，得分兩段走：先走支線，到支線盡頭的小鎭再雇滑竿（註三）。這條支線我跑過，行情不妙，有土匪專劫人車，除非是車隊，有護路槍隊的，否則沒人敢走。

對前一段的危險她居然毫不在乎，祇問我後一段：

「從鎮上去，不坐滑竿不行嗎？」

「滑竿太慢，我要趕時間，一定要汽車才行，鎮上去不是有一條山路可以通車的嗎？」

「沒有別的辦法！」

她倒是打聽得蠻清楚的，我告訴她，確是有條勉強可以通車的山路，我沒走過，祇知道希望太小。百多里地少有人煙不說，泥路又陡又爛，不能開夜車，一天絕趕不到，說不定路上那一處坍方，到時候進退兩難，天寒地凍的，不餓死也準凍死，試都不必試，那簡直是玩命。

她很細心地聽，臉上並無難色，祇是從那緊抿的唇可見她的決心更強，她問我：

「如果決定去，現在出發，最快要多久時間？」

「最少也得四天，兩天公路，兩天山路。」

「三天行不行？」

「很勉強，本來就危險，要快就更危險。」

「危險我不怕，請問你要多少錢？」

「五兩。」

心裏喜歡她是不錯，但玩命的事實在不能幹，看準她流亡學生絕拿不出五兩黃金。萬萬想不到她會一口答應，手提箱打開，一根小條就硬塞到我手裏。

(二)

當然我還是可以拒絕的，區區一根小條在我來說不算什麼，而她也並沒有哀求，祇是用那雙大眼睛看著我，那種從深潭裏透出來的清澈期盼，就是那種好眞好眞的信賴，竟使得我不能拒絕，不是不能，而是不願。

上車前我問她：

「對不起，請問我該怎麼稱呼妳？」

「我姓周！」

好簡單，連名字，身份都不肯說，透著有點怪怪的，我有點警惕，問她：

「周小姐，妳沒有帶福壽膏吧？(註四)」

她笑笑，大大方方地打開箱子給我看，幾件衣服，內衣，小小的化粧品，一些鈔票，黃金，急救藥……沒有什麼違禁的。關起箱子，她還俏皮地問我：

「你還要不要搜身？」

這使得我很不好意思，囁嚅著解釋這祇是職業本能的小心，請她相信我絕沒有壞心眼。

她笑笑說：

「沒關係，我就是打聽過，相信你，才會找上你的！」

幹咱們這一行的，哪一次不是滿載超載，一部大卡車祇帶一個小妞，那簡直是荒唐。好奇的同行們紛紛嚷嚷：

「小林帶著的是一件寶貨喲！」

「不！這叫做獨行俠千里送京娘。」

「簡直是蜜月旅行嘛！」

「喜酒要在哪裏請？昆明還是瀘州？」

「別忘了請我們喲！要什麼儘管說，一全套洞房設備由咱們大伙兒負責，怎麼樣？」

我擔心她會生氣，偷眼看她，坐在駕駛臺上，好像沒聽見似的。也有好心的同行悄悄警告我說：

「小林，這女的透著有點邪門，自動送上來，說不定是釣餌，小心點，人財兩失可不是鬧著玩的！」

我說我一個光棍，兩肩擔一口，沒什麼值得動腦筋的，心裏盤算，座墊下的黃金絕不可能有人知道，反正是福不是禍，是禍躲不過，我偏不信邪，一定要走這一趟。

走支路，車不多，荒得很。中午在小店打尖，飯食粗糲，叫我這享受慣了的難以下嚥；她倒是一點也不嬌，蠻能吃苦的，捧起帽兒頭（註五），辣豆花下飯一下子就是兩碗。吃飯的時候就已聽說前面出了事，四部卡車組成的車隊被劫，消息不明。問她要不要回頭，她很堅決地反對。我說：

「我知道土匪們的行情，對我這司機不會怎麼樣，問題在妳，不但是財物的損失，連妳……。」

想到這麼俏的女人一落到土匪手裏，那後果實在不堪想像。看看她，她很鎮靜，反倒過來安慰我：

「我知道這是冒險，冒險就冒險吧，要是眞落到那種地步，那也是我自找的，我不會怪你。」

叫她去換一套鄉下女人的衣服，把頭髮挽起來梳個髻，臉上塗著點什麼，好遮掩遮掩。她不願意，很堅決地說：

「謝謝你，不必啦，橫豎是賭一賭，我們這就豁出去吧！」

好吧！眞想問她爲什麼要趕著去山城，那裏一定有什麼人，或有什麼事在引著她甘心冒險。看著她緊抿的唇，猜得到問也是白問，她絕不會說實話。去！還是不去！當然我還是可以改變的。而她的那套老法子也眞靈，沒有哀求，衹是用她那一雙大眼睛注視我，就是那樣清澈，純美的一泓秋水，誰看到都會心軟的，唉！顧不得了，就替她賣一次命吧！値得的。

走，支路越向前走越冷清，越是冷清我越是緊張，太安靜了，絕不是好現象，隱隱覺得土匪就在前面等著，剛才打尖處一定就有土匪的眼線，這會兒消息八成早已送到。很冷，冷得發抖，不！是怕得發抖。奇怪，我這會擔心著的並不是座墊下的黃金而是身旁的她。她落在土匪手裏會怎樣？我又該怎樣？爲她拚命，那準是白癡。眼睜睜地看著她被擄？不！莫非她正就是要去匪窟，她就是土匪的一伙？怪不得這麼奇特又坦然。看看她，分明看得出她也在緊張，大眼睛直視前方，緊抿著唇。噢！不是，是我不該亂猜的，唉！倒寧願我猜得不錯，被騙總比這種一籌莫展的擔心要好。

前面彷彿有些什麼？一驚之下放慢速度，駛得近些，赫然是一根粗繩，高高地橫弔著跨過路面，繩子上弔著一顆人頭，凸著死不瞑目的兩睛，頸間的皮皺皺的，斷斷續續地滴著血，想是剛割下來不久。

她沒叫，雙手蒙臉，伏倒在擋風板上。

四周還是靜悄悄的，我一咬牙，把心一橫，悄悄地開過去，沒事，居然沒有人冒出來阻攔。加足油門，疾馳了一陣，還是靜悄悄地，這才確定是眞的沒事，鬆了口氣，一看她，她正微笑看著我，我說：

「我想是土匪剛撈了一大筆，忙著分贓去了，我們正好在空擋裏溜過。」

忽然她驚叫一聲：

「前面有情況！」

我趕緊剎車，一看前面，糟！果然是大難關，隱約可見，路上設了拒馬，靠路邊一連停立四部卡車，有一大群人在紛紛攘攘。她問我：

「這……就是搶劫？」

「看樣子不像，大概是地方鄉團在徵車。」

「那我們……」

「當然不能乖乖送上去被他們扣住！」

「你決定怎麼樣？」

我看著她，問她：

「這一下很危險，先問你，妳怕不怕？」

「我不怕！」

「那好，你聽著，我決定硬闖，成不成不一定，衝過去，他們很可能會放冷槍，妳現在就伏下去，不要抬頭，不要動……。」

我加足馬力，硬衝過去，兩旁有旗子在招，好多人高聲吆喝，我不管，拚命衝，衝到柵欄，看得見擋風板前的人紛紛逃避，槍聲響了，我還是不管，心想只要不打中輪胎油箱就行，衹有趁他們措手不及快衝才有希望，我一股勁猛衝，一連駛出了二三公里才慢下來。這才發現我左臂掛彩，衣袖上全是血，她尖叫著叫我停下來，急急為我檢視，幸好衹是擦傷。她細心地為我敷藥包紮，看到她眼中流露的眞切，我眞的不覺得疼痛，只覺得溫暖。

畢竟又是一關過去了，她說慌亂中分明就聽到有另外的馬達響，想必是被扣的車輛也想趁機開溜，那邊的人忙著鎮壓，來不及追我們，又給我們撿了次便宜。

黃昏後到達支線盡頭的小鎮，當晚宿在鎮上，準備第二天走山路。支線總算順利，時間也夠節省，但不知山路情況如何？打聽一下，都說好久都沒通過車，情況不明，唉！說不得，衹好走著瞧了。那晚上她溫柔地為我換藥包紮，餵我吃白藥，眞像是妻子對待丈夫似的。想到她這樣做，該不僅是爲了要利用我，可說是未免有情吧！我心裏眞覺得甜甜的，是這輩子從來不曾有過的感覺。

（四）

已經是臘月天氣，山路地勢高，正下著雪，雪花沒關係，怕的是結冰，路面就像是硬玻璃塗上了滑油，車子就祇能小心翼翼地挪移，另一邊就是白茫茫霧氣迷濛的深谷，看起來虛幻得美麗，一不小心掉下去，少說也是百多丈，轟隆一聲就完了。

挨著駛了一陣，我說：

「這樣不行，百多里地，不如乾脆徒步算了！」

「你！你是說要我一個人走過去？」

大眼睛裏第一次透出驚惶。趕緊安慰她：

「哪會這樣！當然是我送你走。」

「車呢？」

「就停在這裏，以後再說。」

她想了想，問我：

「徒步要走多久？」

我說路面太滑，走路也得小心步步爲營，絕走不快，至少得要三天兩晚。看到她搖頭，神色黯然，我知道，那三天的期限對她一定是絕不能延。怎麼說車行總比人走要快，她眞聰明，想出了主意，就地取材，取下帆布車蓬，另外收集些草樹，遇到路面滑油危險，就用它墊著來行車。就這樣，兩個人合作，走走停停，停停走走，等到過午，居然也挨過了四五十里地，陽光出來，霧氣消散了一些，挨過了山路陡高部份，低平地面出現，情況好轉，我的心頭一寬，車行加速。

人眞是大意不得，一大意就會出事。這一路上我跟她眞是屢遭驚險。第一次是我救她：山石擋路，我們下車來推，大石一滾動，她一高興，不小心滑倒，收勢不住，一直滑向崖邊，她大叫，我心膽俱裂，撲過去拉她，天幸及時撈住她的一條手臂，把她給硬拖上來。死裏逃生，抱著她在懷裏，這才驚覺人面田田，我與她貼得這麼近，看著她閉著眼，蒼白著臉直喘氣，覺得實在太愛她了，眞想吻她，衹要我的唇低一下就行。可是我沒做，不是不願，而是不敢，就怕她會誤會我是趁人之危，居功要挾。

下一次是她的功勞，車輛過溪，囤船（註六）又破又舊，爛了一大塊，小心挨到近岸，我跳上去用繩拉，用力太猛，前輪壓碎了囤船爛木，喀喇一聲陷下。緊急萬分，我拚命拉，拉不住一船一車，站立不穩，踉蹌著反被一步步拖下水。幸虧她沉著機警，趕緊拿著繩圈跳上岸來，先用繩索在樹樁上固定，再一圈一圈地收。我和她一左一右，力道平衡了，慢慢地穩住了囤船，拉近靠岸，又費了好大的勁，拆下車上的木板墊進前輪下的破洞，折騰著總算把車子開上了岸。

離開溪邊十多里路，車子又出毛病，水箱沒水，水壺裏淺淺的幾口無濟於事，萬山之間上哪去找水？沒奈何就祇好挖冰，急切之間冰塊又融得慢，我請她走遠點背過臉去，她問爲什麼？我告訴她看這樣子祇好用小便來沖，她笑了，這一笑笑得我臉飛紅。

(五)

黃昏時候，山路暗黑，算算百多里地過了大半。這段山路難處就在支線到溪邊的那一大段，過了溪已是平坦，看來難關都已經過去了，明天趕到山城已經有了把握，和她商量，怕開夜車危險，不能功虧一簣，決定過一夜再走。

女人就是愛乾淨，沒水，她用冰雪洗臉漱口，折騰了一整天，兩個人眞是狼狽，我也學她的樣漱洗，輪流去車棚下換衣服，她又替我換藥包紮。換過衣服覺得清爽多了，我們吃乾糧，罐頭飲料，取出毯子來，一人一條，我叫她去車棚下睡，我睡駕駛臺，她說駕駛臺太狹，睡不舒服，叫我也去車棚下好好睡一覺。夜，又黑又靜，好冷，我和她圍裏著毯子，她拿出個音樂盒子來，音樂是婉轉柔和、低沉的。我們一人睡一頭，談天，先談我：大學生當司機，單身漢，獨行俠，她全知道，更好的是她與衆不同，絕不問我爲什麼要當司機，爲什麼不結婚等等之類的廢話。

眞想問問她自己，想不到沒等我問，她就已經先發制人：

「你認爲不公平，想知道我的名字、家世、教育、結婚沒有？趕著去山城究竟是爲什麼？

爲什麼孤伶伶的沒伴？是不是？」

「當然想知道，不過誰都不能勉強對方，要妳願意說才行。」

「不是我不願說，想想明天一到山城，妳我一分手，以後他不太可能再見，既然絕不可能有什麼結果，知道多了也衹是徒亂人意，不如乾脆保留些神秘吧！

「好吧！我不問就是！」

沉默了一陣，她忽然問：

「林！你有沒有依戀？」

嗨！這妞兒，話談到節骨眼上來了，我衹好跟她老實說：

「當然有，除了依戀更有無奈，明天，明天我們就分手了！」

暗黑裏看到她明亮的大眼睛，聽到她的歎息，一句主動的話居然又迸了出來：

「愛情，是常在艱危的時空裏迅速肯定的。」

我心怦然一跳，忍不住告訴她我的感覺：

「我也是這樣想，那正是海明威戰地鐘聲裏的情形，很美，可惜太短了。」

「林，你會不會認爲短就是美？」

「妳說的對，我想應該是這樣，但又覺得這美是一種淒美，濃密得叫人痛楚的淒美。」

「可是，林，你會不會覺得痛楚也就是一種享受，一種快感的享受？」

「是呵！眞是如此！」

眞難得是知音，是知己，人生得一知己夫復何憾，何況又是紅粉，唉！

「林，別再歎氣了，就算是很短很短，有過總比沒有要好，對不對？」

我還能說什麼？我想要說的就是她所說的。

「睡吧！」

裹著毯子，輾轉反側，睡不著。心裏翻騰著她的話，情愛既已肯定，爲什麼還讓它虛虛空空地懸著不落實？我要落實，眞眞實實，熱熱切切去擁抱她，吻她，也讓她抱我，回吻我，爲什麼我們不要彼此佔有？爲什麼還要逃避？那應該是必須的，不是什麼欲念的低俗，明天就要分手，就算是讓憶念更明晰牢固吧！我們該當如此。

人生得一知己，夫復何憾，何況又是異性，我怎能就此輕易錯過？不行！我得跟她把話說明：山城那邊如果有事，我助她料理，料理完畢，我們可以結合，她要去哪裏我都願意永遠伴著她；如果不是事，是人、男人，好！也請她比較比較，至少我應該有權請求她抉擇的，她，當然也一定有權作更新的決定。

好冷，我一心一意都在想著她，由自己的冷想到她會冷，問她：

「妳冷嗎？」

「是有一點冷！」

「我把毯子給妳，我去駕駛臺。」

「不行，你會凍著的。」

「我是男人，我自己知道挨一夜沒關係的。」
「不行！你過來，我跟你合著蓋，雙層的。」

(十八)

「以後呢？」
「第二天到山城，有個男人來接她——」
「是她的丈夫？」
「應該不是，那人的年紀很老了。」
「你盤算的那些話沒跟她說？」
「那晚上，那款款溫情如水的一夜，我，都向她說了！」
「她不同意？」
「她祇同意我們的情愛要落實，好讓以後的回憶更清晰，深刻。」
「就這樣分手？沒有什麼交代？」
「沒有，臨走，祇用她的大眼睛看我，深深地看我，也讓我看她，我知道她的意思，那也是讓記憶更明晰深刻。她祇留下一件東西，也不是她交給我的，是後來我在車棚下找著的，就是這音樂盒。我知道這是她故意留給我的，好讓這熟悉的低沉音樂助我溫習。我很感謝她留下這個給我，而我卻沒有什麼給她，她祇帶走了我的一件汗衫，說那上面有我的體味，擁著它就是擁著我……祇是，唉！時間久一些，那畢竟是會淡失的呵！她的回憶，會不會也將淡然若夢……。」

指著桌上的瓶，我問老林。

「這是她……」

看到老林痛苦得扭曲的臉。

「五個月後，在昆明，她托車隊朋友帶給我的，封得嚴密的小木箱，寫著玻璃小心……」

「這是……」

「我的兒子，我和她，我們的……」

「兩個字是她寫的？」

老林點點頭。

「另外有信？」

「沒有！」

「口信總有一個吧？」

「口信也沒有什麼特別，問過朋友，她祇說托帶木箱給我，其他什麼話都沒有。」

「不——悔——，這代表著什麼？」

「我想這也祇有我知道，她也能知道我相信她這樣做一定有她不得已的理由。我與她所能擁有的祇有那短短的一夜，就由於我們畢竟都已擁有過了，所以……所以對一切的獲得和憾缺都能夠不——悔。」

註釋

註一：黃魚：司機帶的客人。

註二：陰丹司林：戰時後方女性常穿的布料。

註三：滑竿：四川的一種沒蓬的轎子。

註四：福壽膏：鴉片煙土。

註五：帽兒頭：堆得高尖，滿滿的一碗飯。

註六：囤船：車輛過河用的大木排。

六九、七、二、三　台灣日報副刊

相見爭如不見

「我準在七日啓程返國，馬航M一〇七，下午四點五十分到。特令爾與鄭文屆時機場恭候，備車迎接，不得有誤，違令者……哈哈！想到就要和老朋友見面，我心跳動加速，眞個是興奮得緊也。」

趕緊搖電話給鄭文：

「番王後天回來，下午四點五十分到。」

「這麼快！不是說要到月中以後嗎？」

「誰知道，信上說他想到和咱們這些老朋友見面，興奮得很，心臟跳動加快，一面寫信一面呑救心。」

「我看不見得，八成是急著想見水蜜桃！」

「水蜜桃！水蜜桃是誰？我怎麼沒聽說過？」

「我看你這是貴人多忘事吧！水蜜桃就是蕭蘋呀！蕭蘋——番王大學時代的白雪公主，你忘啦？」

是有這回事，記起來了：那時候番王跟我一南一北，只知道他苦戀著系裏的一朶花，那妞兒既漂亮又能幹，出名的風雲人物，石榴裙下弄臣少說也有兩三打，就憑番王當年那副又窮又土的窩囊相，追人家不是白搭？記得當時番王也曾意氣風發，說什麼「精誠所至，金石為開」——從哪本破書上看來的餿八股，我就料定他必然會出師未捷身先死，果然不錯，其後眞就是常使番王淚滿襟！

番王出國，去南洋打天下，一去十八年。嗨！當時他那股勁是那來的？莫非正就是拜水蜜桃小姐之賜？失戀！苦悶的象徵。十八年，當年叫他番王是因為他長相老實土氣，沒想到這綽號眞個應驗了，土小子去南洋創業有成，財產價值九位數，寄回來的照片肥頭胖耳，好一副名副其實的番王御容也。

番王在南洋結了婚，就像薛平貴被鐵鏡公主逮到，乖乖地當丈夫，跟著又升任父親，格貝勒連續降生，一二三四五六，足足半打。只憑這一點，就已經破記錄，叫咱們這一群「恰恰好」的老朋友望塵莫及。

水蜜桃——我一直沒見過，也許以前看過照片，太久了！記不得了！番王已納王妃，兒女成群，這次衣錦榮歸，演出些僑領歸國，舊地重遊，老友暢敘等節目是對的；若是要來上齣武家坡，探望舊情人，萬一藕斷絲連，哭哭啼啼，那，可是有點不妙吧！

電話那頭鄭文在叫我：

「小馬！你怎麼啦？」

「我——沒什麼呀！」

「那你贊不贊成？」

「你說的是什麼？」

「咳！你怎麼啦？我說後天下午三點半你先到我辦公室來，咱兩去接番王，他來後我們要把同班的那一伙全約來聚餐，吃上幾頓，痛快的聊一聊！」

「誰辦總務？」

「我就知道你不會這些，放心，一切由我來辦！怎麼樣？」

「好極了！我當然同意。」

眞快！一幌就是三十年。

高三畢業的那年，還沒有什麼聯招，全省就只有一所大學、三所學院、一所專科。在學校裏我還可以刻鋼板、抄寫，一面唸一面勉強可以混飽肚子；畢業——那可就等於失業，怎麼辦？面臨抉擇，台大不錯，其奈學雜膳宿費何？算啦！棄置勿復道。台中農學院、台南工學院更不提，去報考連路費都沒有，咳！也就只好拉倒。行政專科倒是就近，聽說繳錢不多，不過自知絕不是辦行政的料。想來想去，就只有管吃管穿管住還有點零用錢可拿的師院最好，就是它，決心當人之患。當時我一頭白髮，多情應笑我早生華髮，在班上大家都叫我二千年，二千年者老夫子也，老夫子者人之患也，想必我本來就是該走這條路的吧！

我跟番王洪明鏡，小李李大英最要好，自封爲三巨頭，畢業後三巨頭星散：家境富有的小李進台大，番王去南部，我跟他一樣窮，我有公費，他沒有，有一陣子沒地方住，住進了學校的存車棚，小李的爸爸時予濟助……我在入學後貧病交加，唉！眞不知道怎麼熬過那段灰黯日子的，但居然也都過去了。又一次畢業，李大英赴美，洪明鏡遠走南洋，我留在國內。先是十年前李大英以學人之姿返國省親，老伯伯母帶著他們全家環島訪舊，其實嘛該說是展覽才對，欣見歸國才俊之風采。太座孩子一同翩然蒞止，太太是國內去的新娘輸出，在國內學的是管理，既漂亮又能幹，正好管理小李這頭搞理工的呆頭鵝……一男一女都還小，不太會說中國話。那年我學校行政職務還沒垮，去我的辦公室，小李替我照相，叨著個煙斗做批閱公文狀，蠻神氣的。唉！眞是燒包，可是友情是眞的，不知道爲什麼，老想著當年餓著肚子去小李家叨擾一頓豐盛，李伯母就知道我營養不良，總是把雞腿給我……。

這回是番王回來了，記得當年便當裏沒菜，我倆去小店，叫放點油鹽蔥花炒一炒，連加個蛋都不可能……唉！眞是！好深刻，窖藏了三十年的記憶竟如酒芬冽。

番王歸國是件大事，妻趕緊佈置客房，是面對花園的那間套房，傢俱熱水一應俱全。花們識相紛紛開放，番王一見龍心大喜，決定駐蹕充作行宮。跟著就是一連串接風，我家的、鄭文家的、李家親戚的、番王同學的、同事的……當然最熱鬧的是中學老友的那一次，除了遠在南部的陸聖人沒趕上，平常不見的幾乎全部到齊。都已是些近五十的人，見了面，比誰的肚子大，彼此挖苦嘲弄，笑笑鬧鬧，好不高興。最瘦的甘地官拜主秘、老王在財政部、阿蘇在肥料公司、大楊、老程在銀行，都是些長字號的人物。鄭文在公司當襄理，最近被太太教會打網球，大談其學習心得。外號懶驢的小施正業之外搞藝術，拿他鬼畫符的書畫影本叫大家看，青蛙跳水不懂不懂，拿回去當衛生紙又嫌太硬。菜是大楊訂的，很考究，海鮮盤裏放條冰雕的大魚，看著就涼快。敬酒，一團混亂之後，自自然然地談起了卡其褲時代的鮮事：

「記不記得那一次，做値日生嫌倒髒水麻煩，乾脆從三樓窗口一潑，正好倒在校長大人的頭上。」

「考試快到了爬去屋頂上唸書，訓導主任來抓，我們跟他躲迷藏，最後被堵進一處死角，逃不掉了！只好賴皮，他叫我們下來，我們叫他上來。最後他怕我們一緊張會摔下來，答應下來就不追究，我們叫他先走，背對著我們不准回頭，要是他犯規，我們就表演空中飛人。」

「高一下那位教地理的女老師眞美，說話柔柔地又好聽，板書秀氣得一朵朵蘭花。喝！上她的課眞起勁，連最愛溜課的施懶驢也堂堂不缺，坐在前排盯著她看……喂！懶驢！你沒忘吧？」

「沒忘啦！祇可惜人家只教半年就走了，可能就是被你們這些小狼看怕了吧！換來的一個差遠啦！倒是毛衣有不少件，毛衣展覽，一次一件，一學期下來還沒出現過重複的。」

「烏龜手最兇了，體育考跳高，一定要合規定跳過竿。老夫我連跳五次都不過，最後他助我一推之力，過是過了，害我跌了個狗吃屎，氣煞老夫也……」

「最妙的是考數學，大家都不會就只有陸聖人有把握，叫他坐前面，快快做好傳到後面來。偏偏這聖人死腦筋，硬坐著等他的卷子傳回來，老師看他臉紅紅的坐著發呆，問他的卷子呢？他說不知道！他是眞的不知道，卷子旅行去了！」

「記得馬捉魚不？他的癖好是收集圖釘，出壁報的第一天，本來是一張張釘在板上的，變成厚厚的一疊掛著，馬捉魚很細心，怕人家看不懂，還給編上了頁碼……。」

「老馬現在在哪裏？」

「博士啦！前幾年回來當過一陣子客座，後來又再去美國。」

「還有那個花花公子，追人家校花，跑去車棚把她的腳踏車放氣，拿著打氣筒在旁邊等；情人節送一雙鞋，校花氣得往窗外一扔，一隻金蓮就這麼高掛在樹上搖晃。」

「好像還有詩爲證，懶驢，那首詩是不是你寫的？」

「不記得有個這回事。」

「校花後來怎樣了？」

「不太好，嫁的人也沒什麼了不起，聽說在夏威夷，前幾年還出過一次車禍。」

「不知道她花容有沒有被毀，自古紅顏多薄命，這句話還眞有點道理。」

「番王的臉沒變，衹是晒紅了些呵！對對！紅番紅番，番王的臉本來就該是紅的。」

「甘地，你現在發福啦，不能再叫甘地囉。」

「二千年也是，你的頭髮是染過的嗎？怎麼以前白的都不見啦，返老還童嗎！」

「大楊喂！你這個經理，貸款歸你管是不是？好，老夫先貸個兩千萬再說。」

「阿蘇，那個雀斑皇后咱們叫她 Flower Face 的，不是跟你已經論婚嫁了嗎？怎麼又吹了？她後來怎麼樣？」

「嫁了！新郎不是我。」

「心酸酸！」

「都已經二十多年了，都已經是近代史而不是現代史了！」

「你是說我們都老了？」

「誰還能看小字不戴老花眼鏡，誰還能打球、鬥牛、爬山？老了的不是我們，是誰？」

一抬頭，這一伙裏最年輕的小施就在我面前，分明看到他額上清晰的火車軌道和眼角的魚尾紋，他對我笑笑，我知道那意思，唉！

南下車上商量程序，鄭文說：

「先去看番王落難時住過的車棚，攝影留念，然後去系裏，贈送獎學金，系主任是後輩，我已經連絡過了，他們非常歡迎……」

一提起獎學金我就有隱痛，忍不住要提意見：

「申請獎學金的資格祇要清貧就行，成績不必要求太高，及格就行，想當年……。」

話題被番王搶了過去：

「對對對！去它的什麼清貧優秀。當年我跟小馬，一面唸書一面還得想盡辦法不挨餓，送報刻鋼板抄文件什麼都幹，睡眠不夠，營養不足。沒死掉就算是萬幸。沒有充份的時間來唸書，成績怎麼也好不起來。什麼清寒優秀，根本就是矛盾，大人先生們在辦公室裏想出來的一套，完全不切實際！」

好咧！眞是同志，但不知他究竟大方到什麼程度，我得再來問問！

「送佛上西天，救人要救徹，一名獎學金，從大一到大四，要估計所有費用都夠才行。」

番王問我：

「大概要多少？」

「二十萬一定夠了！」

「好！就這樣！每年每名五萬，兩名就是十萬，要不要再多一點？」

「可以啦！年輕人也不該太舒服。」

「十萬塊，我每年付十萬塊，如果不夠，祇要你們建議，我一定再加。」

「準備付多久？」

「十年！」

番王豪氣干雲，當然這數目對現在的他來說沒什麼，想想三十年前吃碗米粉加蛋的困難。

「番王，一盌米粉加蛋大概二十塊，一百萬，大概五萬盌唷！」

「是啊！我還記得那滋味特別好。」

「口袋空空祇能吃一盌，要細細品味，好就好在此處。」

鄭文說：

「最後一個節目是水蜜桃。」

看得出番王有點感慨，我問鄭文：

「連絡過了沒有？」

「沒有！」

「她在哪裏？」

「大概是在系裏教書，不知道有沒有出國。」

「嫁了沒有？」

「聽說是沒有——小馬！你想想看，要是見著了，該怎樣安排？」

「請她出來吃飯，飯後放生，你我迴避，大家都老情人啦，不用燈泡的。」

番王連忙表明心跡：「不必不必！見見面，聊聊就好，眞的，你們兩個千萬莫多事。」

「番王，你眞的要我倆護駕到底？」

「眞的，眞的！」

「眞的不要僻靜地點說上幾句體己話？」

「不必不必，眞的不必！」

「蕭教授嗎？我是丁吉人，我這裏來了三位貴賓，兩位是早期畢業的系友，洪明鏡學長、鄭文學長……嗯！對對對，都是妳的老朋友，洪學長從南洋回來，事業有成，對！大有成啊！洪學長特別爲本系設立清寒獎學金。嗯！十年，一百萬，是呵！眞了不起，這是本系的光榮，本系的榮幸。他們要來看妳，現在就過來！對！現在就來妳的研究室……。」

青年才俊陪著出來，我們請他留步，好在他也不堅持，祇送到走廊口，不知道他是不是也猜到些什麼？十八年，這學校的改變太大，來時的第一個節目是找車棚，哪還有什麼爛車棚？一片綠油油的草地，估計當年的位置就是此處，就算是古跡也該留下點斷井頹垣什麼的，如今什麼也沒有，而多情的番王還在留連徘徊。我說祇好買張破蓆子讓番王躺下來照個像，放進相簿還得註明車棚變綠地的滄桑，用誌番王昔年落難史之不誣也。鄭文則建議乾脆再捐一筆錢蓋車棚，我倆盡出些餿主意，看得番王他御容慘淡，怔怔地苦笑著。唉！想必是當年的經歷太深刻了，難怪他。

後來才知道學校發展，校區遼闊，建築物間的距離遠，師生多用腳踏車代步，車棚早已化整爲零，分棚應運而生，處處可見，老祖宗總棚卻已由式微而給淘汰了。

還沒開學，偌大的校區很冷靜，穿過長廊，前面拐角處站著個人，光線不強，看不太清楚，個子不大，像是個女的，好像是長褲套衫的女學生，不像是老師。我說：

「是個學生，不是水蜜桃。」

「她一向都這樣，很樸素的。」

番王他還是那麼熟悉，唉！熟悉當然就是留戀，眞有點不妙，我察覺他甚至有點緊張。

漸漸地近了，近了！對方先打招呼。

「嗨！洪明鏡，鄭文，好久不見！」

果然是她，水蜜桃，番王大學時代的白雪公主。耶！她就是水蜜桃，眞的？我實在不敢相信。

就是那種一眼就能被人評定甲乙丙丁的，她的裝束很普通，番王說得對，也就是很樸素，就跟一般大學女生沒兩樣。所不同的祇是兩點：一是頭髮，不是年輕女孩那種輕飄飄頗具詩意的披肩長髮，而是一頭齊耳的短髮，亂亂的，很不服貼的，有一些白白的囂張地揚起來，就在研究室門前白天也開著的日光燈下大膽地閃爍著。還有就是她的臉，皺皺的，黯淡而沒有光澤的臉，嘴角的弧度很大，想是長期教課所致。眞是樸素，樸素到連唇膏都不用，就那麼一點嘴皮的暗紅，混在她微黑無光的臉色裏，實在毫不顯眼。倒是沒戴眼鏡，那雙眼，也不是什麼黑白分明如深潭如秋水，而是，而是……咳！眞不願如此形容，可是它偏偏就如此自虐式的全然呈露，乾乾地翻動著，黃黃的泥塘，分明可見還微微有點紅絲。

這！哪裏是什麼水蜜桃？簡直，簡直就是番石榴嘛！

沒來得及看番王和鄭文的表情，祇聽到番王的乾笑，那聲音也像是番石榴，乾乾的沒多少水份。

進她的研究室，門上的牌子倒堂皇，「蕭蘋博士」，番石榴博士，名士派，番王爲我介紹，握手，屋子很小，亂得跟她的頭髮一樣。非柔荑，瘦瘦乾乾的，硬硬的，感覺是枯柴，想當年紅酥手的時代……坐下來，一人一杯白開水，談的當然是他們的同學：××出國，××開工廠，××婚變，不知下落，××研究有成，論文發表引起國際重視，××精神分裂，現在瘋人院……。談到番王近況，鄭文替他著力吹噓了一陣，番石榴不錯，沒有世俗的恭維，祇是淡淡的說聲：「很好喲！」聲音還不錯，至少還保留著一點當年水蜜桃的汁份。談到她，兩次出國，唸到學位，回母校開課，課不重，都是些專門的，科目名稱很不普通，是我這學文的連聽都沒聽過的。

然後就是談生活，她說很自由，一個人住宿舍，伙食嘛在附近館子裏吃。一直沒提起「我先生」、「我兒子」、「我女兒」……當然是沒結婚，從昔年水蜜桃時代的小姑居處尚無郎到現在的番石榴博士老姑居處沒有郎，二十幾年的歷程就像鐵軌一般明晰堅硬的一下子伸展開來。她很健談，也很豪爽，沒什麼忌諱。番王一直都在乾笑，雖然我知道他祇能這樣；可是聽久了也覺得彆扭。

該番王報告了，她很技巧，先問孩子，然後輕描淡寫的來上一句：

「太太好吧？」

「好！」

這個字好像有點擠出來的，番王再沒有什麼說明，她也不再問，像是都很自然，而那觸鬚伸展試探的深度，連我旁觀者都能體會。

斗室裏有片刻沉靜，有點僵。鄭文提議出去走走，番石榴在站起來的時候，忽然對番王說：

「我去看過你的，你不知道，就在你出國的那年，我去員林找你，沒找到，你已經走了……」

「啊！」分明看到番王臉上的變化。

「當時我也是準備出國，是從員林回來之後才辦手續的。」

番王不再乾笑，他很沉默。

校園裏走了一陣，照相，她一定不肯跟我們照，我們也沒勉強。找個機會悄悄問番王要不要約她去吃飯，番王搖搖頭。

校園裏偶然會碰到她的學生，騎單車的會停下來叫老師，她好像對每個學生都熟悉，問他們：「回來啦！」「暑假好不好？」「報告完成了沒有？」嘴角彎著的弧度很大，親切而莊嚴，教授的派頭是不假的。

就這樣分手，連番王什麼時候走都不問，也沒說什麼通信再見之類的——就算番石榴老尼姑、女博士、教授的畢竟不同於流俗吧！校門口攔到車，車廂裏看到她在揚手……。

我們去公園，番王一直沉默，直到下了車，他才長長地歎出一口大氣。

「唉！當年我出國之前，怎麼會沒有想到要通知她一聲？」

就是她那句意味深長的話，透露出當年的陰錯陽差。她能來員林找番王，當然不比尋常，如果見到面那……。

鄭文倒是乾脆，分析說兩個人如果結了婚，也許都不出國，番王待在員林公司裏，熬到現在嘛，大概一個廠長沒什麼問題；她呢？廠長夫人，家庭主婦，最多是在母校上點課，普通化學之類的……。

那是另一種人生。

公園裏有孩子們在玩蹺蹺板，有靜止的平衡的，也有動盪著，一頭高來一頭低的。高的一頭孩子在笑叫著：「我好高啊！」番王怔怔地看著，搖搖頭對我說：

「唉！魚與熊掌不可得兼，相見爭如不見，小馬！這……唉！」

公園裏陽光正熾，我們聽到鄭文的催促：

「走吧！都快中午啦！不是還有好多事要辦嗎？」

六十九、十二、十七聯合報副刊

七十、一、十九、廿世界日報副刊

翡翠衾寒誰與共

剛進電梯淑宜開始想，進門碰面會怎麼樣？林文他會不會笑著先打招呼：「寶貝！妳回來啦！」看樣子不太可能，昨晚上的那一吵，今天一定又是冷戰開始，鐵定是寒著一張臉。好吧！冷戰就冷戰，反正都已經是身經百戰千戰的大將啦，想要我先妥協，先跟他打招呼，憑什麼？門都沒有！

要是林文主動討好又該如何？不能太熱情，還是該端著點的。最多答應他一聲：「嗯！」這就是很給面子的啦！男人嘛，千萬不能順著他們，一順著他準就往妳頭上爬，到頭來苦的還是女人，絕不能給他們好臉色；凡是男人多少都有點犯賤，尤其是林文。

只是，只是「嗯」一聲，那他一定會失望，冷戰絕不可能就此解凍；冷戰實在彆扭，眞不想繼續。那麼，另外用什麼方式比較好？當然一定要保持尊嚴，要叫他知道我是贏家。用什麼方式好呢？

還沒想出來就已經到了，開門，鎖匙聲居然靜靜地不會驚動什麼，打開的是一室的靜，冷冷清清，乾乾淨淨的靜。

孩子們都上學去了，林文他一定是在書房，再不就是還賴在床上。在家裏，林文對這兩間房眷顧特深，他有永遠睡不夠的覺，也有永遠看不完的書，寫不完的東西。

書房沒有！

臥房也沒有！應該是在家的居然不在，難道眞的就是逃家了！好個不負責任的男子。先檢查錢箱，厚厚的一疊，連郵局存摺和圖章都擺在最明顯的地方，什麼意思？像是在嘲弄，林文的一張嘲諷的臉：

「全都留給妳，我走了！」

「家用不缺，妳還能誣賴說我是不負責的嗎？」

下意識去檢視那個小包包，私房錢都在，過年林文送給自己的紅包，一萬元新鈔，還有另外的幾包，清清楚楚的都在。習慣地把這些換個地方，並不是怕他會偷，明知這心高氣傲的男子無論如何也絕不會動太太的錢。這樣做究竟是爲了什麼？奇怪！連自己都覺得幼稚，有什麼理由？爲什麼每次冷戰熱戰都會習慣性地先藏錢？不是害怕不安全，而是，而是……只是想要刺激林文，要叫他自己知道不被信任，要叫他難受，他越難受我秦淑宜就越高興！

從臥房到書房、客廳，另外的幾間房，很快地走了一圈，沒人！果然沒人，乾乾淨淨整整齊齊。看來他的出走倒是挺從容的，和平常一樣整理過的，整整齊齊乾乾淨淨是好，只是沒有人，沒有人就會特別顯得冷清。

客廳裏的兩個木偶，一男一女，林文常去擺弄的，讓兩個木偶並排，頭部向對方側著點，一對親愛的夫婦。淑宜就知道他的鬼心眼，哼！偏不如你的意，既然女的一個代表我，我就該有我的樣子，過去把女的一個轉過身來，冷戰期間就是這樣，清清楚楚的一個——不理你！

也許在書房會有他留下的什麼線索，找找看，沒有！看他的日記，翻到昨天，七月二十五日，只有一個大字：

「唉！」

寫得又大又重，就像在每次冷戰熱戰的夜裏，聽到他深沉悒悶的歎息。

看樣子眞的是出走了，想想看，這次冷戰的主因，就是爲了前天那個年輕的女孩。拿著她的什麼作品來請教，在公開的客廳是不錯，只是靠得太近了。林文坐在沙發上，那女孩，是客人就該坐在主人的對面的，她居然就依在一旁，聽林文的指指點點，要不是我這女主人在家，怕不會靠到林文的懷裏去！實在不像話，當然也怪林文，就是這種熱心過份的老毛病永遠改不了。婚前就已經有過，四五個齊來，吱吱喳喳地圍著他談個沒完，把我冷在一旁，成什麼話。板著臉走過去，故意把地板踩得登登響，擺明的叫所有的人知道我的不滿，就看林文他怎麼辦？難得他總算懂得厲害，沒奈何地站起來，暗示她們告辭。

前天的那一次，也是故意在他們面前走來走去，那女的還不懂，倒是林文感覺到了，叫她跟淑宜打招呼。慢了一拍，淑宜進了廚房，把那女孩的愕然甩在身後。後來那女孩到廚房來告辭，一直問淑宜喜不喜歡吃魚，她下次要送魚來。眞是笑話，分明是心虛，沒話找話說，裝不出什麼好嘴臉來，冷冷地把她打發去了。吃飯的時候，是淑宜先開火。

「成什麼話，坐沒坐相，靠得那麼近，乾脆坐到懷裏去不是更好！」

看到林文板著臉不吭聲，淑宜更是有氣：

「八成是上過旅館的吧！不然怎麼會這麼親熱！」

眼見他的臉色黯沉下去，居然還能忍住沒有發火反抗，只說了句很低，但很沉重的：

「怎麼這個樣子！」

跟著就低下頭去數飯，淑宜也沒再說什麼。

是誰的錯？當然是林文的錯，就算我這做太太的話說重了點，爲的也是愛他。愛情是最自私的，林文是我的，他應該知道的，應該知道我是對的。

眞的是出走了嗎？

雖覺得有點不是滋味，但還是不擔心，相信林文一定會回來的。最多半天，不！就連半天他也熬不過，那一次他明明在日記裏寫著：

「和平常走出家門的感覺不一樣，這一次不同，工作完畢不再有一個溫溫熱熱的家在召喚我，等著我回來。我這是出走，除非能有改善，否則的話，我是不該再回來的了！同時我也明知那改善的希望十分渺茫，到頭來還是得由我自己委委屈屈地回來，委委屈屈地順應，等待著她的緩和，或者是低聲下氣地去討好她，泯滅自我地認攬所有的過錯……噢！那實在太不公平，太荒謬了，憑什麼一個男子，一個丈夫就一定得這樣做？把我踩在她的腳下究竟對她有什麼好處？

然則我果能棄卻這冰寒多於溫暖的窩巢而去？重尋另一份溫熱的可能雖不是沒有，但需要巨大心力付出當是必然，我是否還能有足夠的時間與力量？在過去的坎坷歲月裏我已投注得太多，如今我是如此地渴求溫暖安定，不能說我懦弱，該說是我在付出太多之後必然的自我珍憐吧！

她是絕不會想到這些層面的，甚至冷漠得不會重視我的負氣出走。她能有充份的把握知道我終將黯然鍛羽歸來；而我呢！在明知結果如此可悲之後，這出走已成爲衹有我自己不忍的嘲弄與悲愴。

就是這種斬絕了一切希翼的可悲，使得我剛一跨出家門，就已感到有寒涼自四方襲來，而一股深沉的茫然的悽惶立刻就自心底湧起……。」

再翻看一遍林文所記的，淑宜還是和以前同樣的觀念：他這是文如其名，日記記得既文藝又誇張，淑宜從來就不去想其中的什麼意思，只是再看一遍就能再一次確定，林文他是走不遠，也走不久的。

黃昏時淑宜去陽台，看那棵樹，稀疏的幾片葉子都是黃黃的，好無奈，趕緊多澆點水。夏天過去了，淑宜驚奇地發現有一隻蟬停在樹上，不知牠還會不會叫？等著等著，沒想到牠居然叫了一聲：

「撕了！」

淑宜覺得好懊惱，什麼「撕了！」難道說我跟林文的婚姻眞的會「撕了」？

醒來時發覺是孤枕獨眠。

昨晚上注意傾聽門聲，一直相信林文不會在外面過夜的，十點，十一點……晚一點他總會回來的，臥房門沒下鎖，等他輕悄悄地上床時自己該如何？裝睡，還是翻個身讓他知道自己沒睡在等著他？哼！所有的錯都在他，這麼晚回來擾人清夢，不罵他就算是便宜的，那還能再給他什麼？絕對不能給他顏色，一定要堅持到底，遲早他總會受不了主動來求和的。到那時要注意不能就這樣輕易地饒了他，一定要提出條件來叫他發誓遵守。條件的內容要具體，重點在絕對忠實，第一條第二條第三條……這一條不行，太寬了！日子一久準就沒效，要是林文再犯怎麼辦？再披上鎧甲跟他冷戰熱戰……。

不知道是什麼時候睡著的，反正很晚就是，居然他竟是徹夜不歸，連個電話都沒有，眞叫淑宜感到不是滋味。冷冷清清的寂寞，落空的憮然，不！更多的是氣憤。

今天中午我也不回來，教他也嚐嚐這冷冷清清的滋味！就你們男人能自由自在愛去哪裏就去哪裏，愛做什麼就做什麼！憑什麼我們女人就不能？男女平等，不！女男平等，我這就要做給你看。

在公司裏，美惠、玉如她們那一幫，又在大談服裝美容，美惠又有她驚人的妙論：

「妳們知道駐顏的秘訣嗎？」

「有什麼秘訣？還不是什麼運動，指壓按摩等等的。」

「通通不對，女人青春美貌的秘訣在不動情。」

「怎麼說？」

「妳們看做那些行業的——舞女、應召女郎之類的——同樣的年輕，長得不錯，可是就有的又瘦又乾，臉色臘黃；有的又白又嫩，容光煥發……道理就在她們是不是動情，動情的就會憔悴，不動情的一定就能駐顏！」

「有點道理。」

「對！這不就是『為情憔悴』嗎？」

「我看這跟收入付出有關，不動情的衹管收入，很少付出，所以嘛就有盈餘，得到益處；動情的付出太多，入不敷出，所以就虧本啦！」

「妳說的收入付出是指什麼？」

「咳！這還用問嗎？大家都是結了婚的，當然就是那件事囉！」

「美惠，妳的原理有問題，做那種行業的一天到晚做那種事，我們怎麼能和她們相比？」

「嗳！次數多少不重要，原理是一樣的啦。」

「那妳是說我們對先生都要不動情？」

「不是絕對的不能動情，而是要把握原則，盡量地被動，含蓄……。」

「妙論！妙論！美惠，妳自己是不是正在進行這種實驗？」

「沒有啦！我是知而不行。我看淑宜倒有點像，年齡跟我們差不多，漂亮可是還跟小姐們一樣。」

「對對對！淑宜，妳從實招來，是不是對妳先生不動情？」

淑宜的臉都紅了，似笑非笑地不知要怎麼說才好，恰好有男同事進來打斷，討論就此結束。靜下來想想，美惠的話好像眞有點道理，對那件事，淑宜不但從未主動，而且是經常排斥避免的。早已是綠樹成蔭子滿枝了，可是眞的就常被人家以爲還是個小姐。淑宜一直以爲是體型保持著不胖的緣故，今天被美惠這一說，難道眞的是因爲這個？

下班的時候，淑宜只是踟躕了一下，立刻就被王爲仁發現，殷勤地過來邀請，約去餐廳。早已就看出這男人對自己有意思，平常淑宜對他一直是冷冷的。要請客，除非是大夥兒一齊去，否則淑宜絕不會答應。可是今天情形不同，就算是報復林文吧！淑宜只是稍微猶豫了一下，就拎起皮包。下樓的時候，有男同事向王爲仁說：「老王，護花使者上任啦！」那種壓低聲音，像是不便讓淑宜聽見又分明要叫她明白的。淑宜有點煩，假裝不在意，就連王爲仁那一臉的躊躇滿志也不想看。

餐廳的情調，幽雅裏又有點浪漫，餚點也很精美。王爲仁一直在找話讚美淑宜，讚說她美艷，淑宜反問他：

「更恰當一點的形容，是不是該用『冷艷』？」

「不是不是！妳嘛！嗯，是端莊不錯，可不能說是什麼冷……」

「你弄錯了！我倒是喜歡冷艷的。」

「對對！冷艷，冷就是端莊嘛！端莊美艷，那很好，很好！」

淑宜在想著美惠她們的理論，果眞是冷艷，不就正符合那不動情的原則嗎？

王爲仁倒是很會揣摩女性心理的，不斷批評他那啤酒桶太太的毛病，家裏有什麼都拿去送人。哈！這一點也正是林文的毛病。這次過年，收禮送禮，做轉運公司，永遠是收得少送得多，光是送禮就貼進去好幾千。林文的那些長輩，反正是有去無回的，禮數盡到了就好，又何必一定要講究貴重？量入爲出嘛，收禮好的當然自己先留下，偏就祇有林文不懂得這些，每次過年爲送禮都得嘔氣。王爲仁又說他太太的朋友多，常來串門子，不勝其煩。對！林文也是這樣，上回不就是來了兩個，沒菜還要喝酒，買兩包花生米，什麼話！最後還不是我這主婦下廚去張羅炒菜。還有啤酒桶熱心助人，好出鋒頭，林文也是，最看不慣他熱心的那些活動，又不是明星，偏像是作秀，人家明星一次作秀十幾萬，你林文能賺多少？不貼老本就算不錯的啦。談著談著，話題並不缺乏，好像很親切。看來他的啤酒桶跟林文的性情相近，兩對夫婦都配錯了，林文該配那個啤酒桶的；我！秦淑宜難道該配這個王爲仁？

覺得手上有點溫熱，這才驚覺自己的一隻手正被王爲仁握著，好大膽！是男人的通病，林文也是這樣，有外人在場也要親熱，成何體統？我秦淑宜知書識禮，最有教養，我不覺得這有什麼快感，只覺得勉強、肉麻。對了！爲什麼美惠、玉如他們不跟我一樣？莫非又是我特有的「冷」？不冷不艷，越冷越艷。

男人們都死要面子，還不好一下就把手抽回來，等一等，裝著要端飲料，輕輕地擺脫他，還好他沒什麼尷尬。看樣子有點像是老手，難道我秦淑宜眞的需要他這份刺激？笑話！是該要注意點了，適可而止，不能讓他趁火打劫，得寸進尺。

本想著下午一下班就回去的，好像有點愧疚。耶！只是餐廳裏的面對面，握手，哪有這麼嚴重？不値得，還該再洒脫點的。下班後跟美惠她們去逛百貨公司，買一個新式樣的皮包，雖然不是一定要買，但自己賺的錢就該自己用，留著幹嘛？她們商量要去東北亞旅遊，好！也算我一個，手續嘛交給王爲仁去辦，只要有秦淑宜參加，哪怕他不起勁！這話聽起來有點刺耳，王爲仁，又是王爲仁，大夥兒一齊出國去旅遊，就算有機會再讓他握握手，除此以外他還能怎樣？

林文大概已經回到家了，遲點回去也好，就是要叫他多嚐嚐等待的冷清和疑慮的。人就是要冷靜才會反省，只有我秦淑宜不必，因爲我一向就很冷靜。

回到家，開門，沒想到又是一室冷清。

這一氣，氣得淑宜眞想再去找王爲仁，可是一想到王爲仁那對死魚般的色眼，實在犯不著。屋子裡走一圈，歎出一口長氣，就像是林文歎的那種。

孩子們都還沒回來，有點無聊，上陽台去。那棵樹比昨天更萎了，澆了水，又放了些茶葉在根部，不知道有沒有用？那隻蟬還在，緩緩地，艱難地在動著。牠是不是有病？是不是要蛻殼了？什麼時候牠才能蛻去舊殼？飛上高枝，去作響亮的生命嘶鳴！

夏已過盡，最後的一朵玫瑰都已凋謝，牠已是一頭寒蟬，怕是再也叫不出清越的歡樂了吧！

「知了！」

嚇了淑宜一跳，眞沒想到她還會叫。知了！是什麼知了？難道是知錯了！是林文錯了，林文能知錯？錯全在他，夫婦間如凌遲一般的痛苦，錯全在他，我沒有錯，我一點錯也沒有嗎？當然沒有，就眞是有那也只是一點點。林文，只要他是男人，就該當不會在意的，該當寵著我不計較的，那根本不算是什麼。

已經是第三天了，林文！你在哪裡？

昨晚上床之前，淑宜看到魚缸裡魚的唼喋，連魚也懂得纏綣溫柔吧！上床後一直在想林文，想起他用摩托車載著自己去看電影，吩咐後座的要抱緊一點，抱著男人的腰，靠在他的背上，嗅著他的體味，車子風馳電掣。林文好壞，是他說的要開得快女人才會怕，越怕越抱得緊。淑宜抱得很緊，心裡倒不覺得怕，衹覺得很甜蜜很快樂，就算是陪著他一齊摔死也心甘情願。耶！林文你該不會是出了車禍吧！不會的不會的，皮夾裡有名片，車子有牌有號，要是有事早就通知來家了。可是林文就曾在日記上記著，冷戰熱戰時他常想撞死算了！不會的不會的，一定不會的。

林文！你在哪裡，難道你眞的是傷透了心，棄我而去，你這是爲了什麼？

再想想那經過，那女孩的事，我這做妻子的憤怒，忍不住開火，話是說重了一點，可是也並沒有大吵，晚上看電視我們還講話的。第二天，第三天早上林文出門的時候還不忘習慣親吻我，當時的情形怎麼樣？我還在氣著，沒讓他吻我，可能我還皺著眉頭，這是他最受不了的。林文說過，要是一早出門我就給他冷淡甚或拒斥，他這一天裡帶著抑鬱，什麼事都做不好！可是，這總不能算是什麼嚴重的大事吧！

總該不會祇爲了這個！還有什麼？唉！是了！是第三天晚上，淑宜情緒不好，用被把自己裹得緊緊地背對著他；林文說天氣冷，要兩人合蓋他的大被，當然知道他這是要做什麼，拒絕了他。他氣悶吸煙，叫他不要在臥房裡吸，他不聽，氣得淑宜跟他大吵，抱著被去客廳睡沙發……。

這就是夫婦之間傷上加傷，永遠不能協調的癥結嗎？林文在日記裡記過的：

「我是個懼夜症患者，一天又一天，一次又一次地被她拒絕，眞不明白爲什麼這種很自然的事會弄得如此不自然？要用什麼方法才能協調？她爲什麼就不能了解這絕不是單純的情慾而是親愛的互慰？這長久的不協調已漸使我害怕，愈是不得平衡愈是渴求，我眞是痛苦極了，她能否知道？」

眞的這樣嚴重嗎？林文他該知道的，我秦淑宜可不是什麼冷感，夫婦之間也曾有過很快樂的經驗，有時候我也會願意讓他摟在懷裡，願意爲他服務，不！我們彼此服務。祇是我一直記得那原則，不記得是哪本書上看到還是哪一位長輩說過的，妻子控制著丈夫最重要的兩環，食和性，這種事就跟吃飯一樣，不能過飽。林文，我這是爲他好啊……書上說的，前輩說的絕不會錯，我們就該遵守，都要節制不可以放縱。我的冷是冷艷不是冷感，林文他不是就知道我這做妻子的嬌美嗎？我保持冷艷還不都是爲了他？讓人家都誇說林文娶了個美女，讓林文爲我而得意。當然屬於我自己的成份也有，我不要紅顏迅速老去。那種事做多了我就會憔悴，林文他就會短命，就是美惠說的那道理。唉！要我怎麼說林文才會懂嘛！

常會在晚上做惡夢，每次一做惡夢，林文就會叫醒我，愛憐地把我攬進懷裡。昨夜我又做惡夢了，夢見只有我一個人，好像是在病著，病得快要死了，孤伶伶的，我好害怕！我不要孤獨寂寞地死，要死也要死在林文的懷裡。夢魘裡我仍然在找他，要他的意識，翻過身來抱他，抱住一個空位，暗夜冷清，好冷！

翡翠衾寒誰與共？

不要！不要！眞的不要！林文！快回來好不好？快回到我身邊來照顧我，就像前一次我病著的時候那樣細心地照顧我，一醒來就能看到我的丈夫，我就會好安心，好寧貼。

記得林文說過的那種鮮事，太太一見到丈夫就有氣，一陣罵把他氣跑了之後又會後悔，盼著他回來忍不住又罵，再把他氣走……。唉！那男子倒底能忍受多少次？我好像也是這樣的。雖然我常氣他，常叫他生氣，但我眞是愛他的啊！他走後我也會有點後悔，想著等他回來時，一定得換換方式，對他溫柔，不能再冷戰熱戰了。可是美惠說得對，冷是我一部份，我心裡是這樣想，但眞不知道這微笑溫柔是不是能做得出來！

林文說過的故事，那逞強的妻子永遠要佔上風，永遠要把丈夫壓在腳下，一見面就罵，這個不是那個不是。那一晚又在數落，好久聽不到丈夫的聲音，進房一看，那男的竟然悄悄地上了吊……。

林文是故意說給我聽的吧！我知道，好可怕。我們兩個個性不合，不能彼此進入對方的生活已是事實，毛病就在我們一冷一熱不能相合，祇是兩人對對方的佔有慾太強，雖然在這麼多年來，太太小小冷戰熱戰數不清已有上千次，雖然我們難得好上一個月不吵架，雖然他曾說過多次受不了，並曾斷言我總有一天會後悔，但等到後悔已是太遲……林文！雖然這一切一切都是太可悲的惡性循環的事實，但，我仍相信我們是互愛著的。只要這一點基本不變，惡性循環總會過去，我們還是會有希望的，不會太遲，絕不會太遲。

林文！你在哪裡？

去陽台看那棵樹，眞可怕，沒想到竟已是最後一次，那樹已經萎死，枝幹全枯了。淑宜不信，一段段析下來檢視，輕輕一揉就碎成粉末，手一張，那些粉末就此隨風飄散……。

那頭寒蟬跌落在地上，萬萬沒想到牠在垂死之前竟然清楚地叫出一聲：

「遲了！」

七十、八、十二、十三中華日報副刊

死在北極

這雨，掣電轟雷裏咻咻射下的利鏃鐵彈，強風也改不了它勁力的抖直。結隊於高頂的千千萬萬頭鷹隼以雷霆萬鈞之勢俯衝，大片悒結的天的最深最重的憤怒迸發，鷹隼尖銳的利喙的刺穿撕裂，撕裂天地間所有的頑固與堅冷。假面破碎肉體洞穿組織瓦解，冷美的花朵凋萎肉爛了泥化了，彈雨橫掃落在地面嘩流出一條溝泓，以長刀利斧斬刈沖洗殘花肉糜泥塵，滾流著淡紅血紅深褐的沉澱。

周：是你吧！是你死在北極的陰靈回來了，是你沉抑長久的火山終於爆發，你生命全部動力的猝然嘩放。我知道是你，聽到你悒怒轟雷的叱咤，看到你電光閃明下巨靈的森峻，那就是長存於我心溫文的形象與憂悒的噓息，同在這時放大了千倍萬倍，是那最高處凌厲一躍的斷然斷絕，焚化爐裏熊然烈火的解放，把你手腳心靈的一切桎梏解除，使你終能以此鮮活龐沛的顯示，咆哮出你的悲憤。

這強大的具備摧毀之力的悲憤咆哮，仍是你痛苦靈魂噓息的變型吧！周：你去了！這一次強大鮮明的顯靈就是你最後的告別了。你眞的是去了，永遠消失於天地之間，一如宇宙間的絕無永恒，即使是人類千年萬年點滴凝聚的歷史文明也遲早都難逃毀滅，是龐沛是細微都是一樣，一樣地只能擁有它可悲荒謬的短短的存有。

周：具象的存有絕無永恒既已是亙古不變的悲愴，就讓我們來尋求那一份抽象眞情的綿延吧！宇宙的生滅既是永遠的循環，你的結果當就是去另一天地裏的開始。周：我雖不知你現在哪，但我仍能感到你抽象的存在，希望你能收納我的訊息。不管你在哪裏，請你等我，等著我來和你會合，珍憐的賡續你我已可肯定的短促情緣。一切都不重要，我只是清楚地知道，只有你我在一起我才能快樂。

周：我記得和你在一起的每一次，每一次的每一個細節。

你來的第一次不是找我，找的是十二號。向老闆探詢，老闆告訴你說十二號不做了，介紹我給你，還叮囑我說你是十二號的客人，叫我要對你好，少收一點錢，好讓我替代十二號成爲你固定的對象，也讓我再增加一個固定的對象，進房之後你問我是怎麼回事？我說：

「聽說是她先生做生意失敗，欠下了債，所以來做這個，現在債還清了，回到她先生身邊去了！」

滿以爲你一定會說：「原來這行業這樣好賺呀」之類的嘲諷，或者是：「奇怪她先生怎麼會同意太太做這個，就算是她替丈夫解厄立功，難道以後先生不會覺得彆扭窩囊嗎」之類的傻話，奇怪的是你居然沒說也沒問，只是笑笑。一種很寂寞的笑，不同於一般客人的放肆做作，是你特有，也是我愛的那種。我問你要什麼？你說：「要溫柔！」

「還有呢？」

「沒有了，其實我要的是溫暖，女人給男人的溫柔就是溫暖，妳……。」

我知道你是要問我懂不懂？我懂，爲你不傷我自尊的煞住話頭，我還有著一份欣慰。蓋被的時候你低低地說了一聲：「好冷！」

外面下著雨，天氣很冷。我知道你這男子，不僅是身子冷，連心也是冷凍受了傷的。我搓著雙手呵氣，你看著我問：「妳這是做什麼？」

「先讓我的手溫暖，才好把溫暖傳送給你呀！」

看到你眼裏的一絲感動，我很高興。靠著你躺下，被你抱著，你的手指撥弄我的胸部，注視著樺色圓點的彈動，你問我：「它冷不冷？」

「有一點！」

「我來讓它溫暖。」你低下頭去，我把它送進你的唇間，接受你輕輕的吮吸。一絲溫暖的悸動輕輕延展，隱隱覺得我像是找到了，找到了我混合著母性與情愛的奇異的期待付出的對象。不可解的是爲什麼這種感覺會突然鮮明起來，深藏在我潛意識底層的小小的魚竟然是昇浮而恣泳。

被下，我以伸展的肢體擁抱著你，把我胴體的溫熱傳送給你。我的職責既是予人以官能上的滿足，那就不必矯情更無須怨尤，就該以我溫暖的水波來供你渴欲之魚泳游。拿你和我的那些無權選擇的顧客來此，你才是我最喜歡接受的那種高尙，喜歡你的清潔，你的謹愼小心而又不致刺戟傷害我的自尊。

從盥洗室回來，你說要走了，也許是留戀的本能吧，使我竟有那樣世俗的一問：

「要去哪裏？」

「不知道！」

我沒再問，更沒幼稚地大驚小怪。這時我已能感覺到你的內在了，你的不注意而很清晰的一聲喟嘆，叫我知道你溫暖感覺的潮峰已經降失，回復到你的不快樂，一如你來此尋找之時。

送你走後，我曾在樓上窗口看你，看到你在迷濛的騎樓下茫然了好一陣子之後把你自己投進冷雨裏去孤行。周！當時我真想叫住你，問你的方向是抉擇呢還是茫然？

我完了！從第一次見到你就已能確知我完了！你就是我要找的，我整個生命血肉情感所要交付的，有沒有反饋已不重要，重要的是終於在茫茫人海裏找到了你。形容這種感受只有用「完了」最好。周！你知道嗎？我完了！是欣慰是快樂又還帶著一分不甘心和九分死心塌地。

雖然你不常來，但你我的相知確能在一次一次裏累加著深濃的自尊。雖然我那一份不甘心還在窺伺著挑你的缺點，無聲地吶喊著不可能不可能一定是假象遲早會失望失望好苦不值得去試不能去試……但，不過見面幾次那九分的死心塌地就已堅實地壓倒那一分不甘。說不出來你我之間的那種相知契合的喜悅，如你是火我也願做那飛撲自焚的盲蛾。

來時總是陰雨，帶著你沉重天陰的悒壓而來，在我溫柔的微笑裏漸漸舒展它緊密的牢結。

每一次溫柔地為你脫下外衣，我都能明晰地感覺到，那些彈洒的水滴呵點點都是你的孤寂淒冷。

喜歡你讚美我的胴體，高興以我白皙的膚色姣美的臉和柔挺的隱秘被你賞鑒摩娑享用。周！你雖與衆不同，但也仍是難抑與別的男子共享著我的嫉妒。你從來都不先約好，因此我只好特別關照，你來時看不到我就說我上街去了。眞不願你因我的不潔而厭棄了我，不！更重要的為我自己的捨不得你。能寵著你就是我的快樂，當我能覺知你因我而有短短的快樂時，我的快樂就更充實了。知否我為你所做的一切，我從來不數點從你手接過來的錢鈔，當你提醒說我大意時，我告訴你對你是唯一的例外。你戲謔地說你也會騙我，我就用雙臂緊攬著你說我甘心被你騙。

記得你身上的每一處特徵，當它們在我懷裏時，我就以溫柔的一次次的摩娑來溫習我的喜愛。曾經告訴你我們是在互相服務付出，享受著對方被對方享受。我要袪除你買賣虛假的觀念，教你知道我是眞的十分喜歡你，你我是相等公平的，天地間就數我最知你需要溫暖如飢如渴。迎合你的需要：有時我以母性的愛力擁你入懷，以我的乳溝供你臉的埋藏，聽你心的律動與噓息，聽你的渴欲亢奮的漸趨平和，以我情人的傾心之愛來安慰熨平你一切的創傷不平。當你要我的時候，我以充份的接納來包容你，在你耳邊喃喃告訴你我的快樂，讚你的雄偉，好讓你因我的溫柔情愛而自信，持續馳騁著使你我能一起攀登快感高峰的滿足。有時你憐惜我，擔心久長的猛烈會使我痛楚，我就會叫你不必擔心，只要是你，即使是蹂躪我也心甘情願，甘願以我一次次情潮的漲溢來配合你，等你滿足，使你快樂。

你與我相處的時間一次比一次加長，有時在盥洗之後擁抱著談情，有時留戀著不去洗滌，保持著密合緊擁。你我的舌尖相互認知了對方口裏的每一處細密，最可愛的是兩個舌尖輕觸的唼喋繾綣。知道我在你心目中的不潔形象已漸變清純，我眞的好安慰好高興。到後來你甚至不再顧忌什麼，以全然眞實的你來進入我，我願承受，承受那熾熱迸射的戰慄，緊抱著你喜悅的接受你的賜予。你不再當面交錢給我，總是悄悄放進我的皮包。我不數，生怕數了就是褻瀆。而我又明知你付的很多，爲此我又擔心著，不止一次提醒你不要這樣，而你總是微笑搖頭，叫我不必擔心。

那就是我生命裏難得的珍貴了，一個女人所能獲得付出的最大的極限，不僅僅是肉體的正常的歡悅，你我很快就已突破了這一具象的肉的層面而進入到抽象的靈的相知之眞切。我記得很清楚，就在那一次我們談小仲馬的茶花女時突破了的，情人長姊母性三位一體的綜合，你是阿芒而我願做瑪格麗特，只是不希望早死，只因爲捨不得你。知道你爲我的認知而詫異，更感謝你不曾世俗地探究我的身世學養，一如我明知你的痛苦而從不主動愚蠢地追問。自此之後我們都進入了美妙的佳境，感覺到我們的談話不是口說而是心靈和聲的鳴應。有時你我甚至會珍惜相處的短暫，生怕被交談浪費了，在黑暗裏你我相互凝視，擁抱著這一份刻骨深邃的相知之情與明知其短促無奈的珍憐淒楚。

周！還記得我戴上那條紅豆項鍊嗎？告訴你那不是什麼人送的，紅豆是我我是紅豆，我在等著把它送人，一送出去時我的身心就都全盤交付給那人了。你該知道我等的人就是你，不過我不會急著交付，要等到確信你我平等需要，你我的情感確已煉盡一切世俗雜質而純然眞摯之時，我就會把它掛在你的頸間，代表著我全盤的交付與你我的連接，伴著你去天涯海角，廝守著再不分離。

在我暗示之後你的反應竟然不是喜悅而是無奈，雖然你的聲音很低，但全神貫注的我並沒有遺漏，你確是那樣說的：

「謝謝妳！只是我對妳，恐怕是只有辜負了！」

「爲什麼？」

「對一個完全無望的人，即使有美好明天的懸待也將是徒然！」

我被你如此沉重的黯然噤住了，明知你的問題不屬生理而是心理，但絕沒想到你傷得如此之深。想著只要人活著就能製造希望，我一定能用我的溫柔情愛來縫合你巨大的創傷，助你重燃生命之火，接受我，與我共度今後的存有。

可悲的是我的時間不夠，每次的相會，明知短促常使我也落入珍憐的感傷，不容我細心的爲你做更多更大的縫合熨平。不等我的篝火爲你重燃枯枝，餘燼即已在你悲憤的自棄之下斬滅了星火生機。

那一次你的自剖，證實我的估計不錯。你告訴我說，回家之前要去買一件玩具，我問你給誰？你說：

「給我的小女兒！」

「很可愛是不是？」

「很可愛，也很可憐，有一次，我在走廊跌倒伸吟，只有她驚惶地奔來，用她荏弱的小手來拉我，叫著我：『爸爸！爸爸！』……。」

「你該珍憐著她小小的、純眞的。」

「晚上她常會做惡夢，在夢裏叫我，那一聲聲悽惶的情切最叫我心疼，我會去撫慰她，用我的大手輕拍她小小的身體，使她不再驚悸嗚咽，安然入睡。」

「她沒有媽媽？」

你默然了，我知道這就是你傷痛最烈的癥結所在。周！不要怪我，看我的眼，相信我，把你最大最深的傷處向著我，好讓我能確切地助你，我愛你！我這是在爲你好呵！

看到你眼裏痛苦，唇的抖動，是想要咽下些什麼？莫要逃避不能再逃避了，我用眼神鼓勵你，說吧說吧！說出來會痛快些的。果然，你沒辜負我的關切。

「我是生活在北極，我們，我和我的兩個女兒，一直都生活在北極……。」

果然不是我的敏感，所有的男人一定都會提起的，就算不在人世也會提起，在你居然沒有。你是在逃避，逃避你最深且鉅的創傷，還好你總算是吐出來了。唉！或許不是你不願接受關切，而是你不願引我去認知你的悲慘，傳染到你極地的冰寒。

你的聲音恍如傷獸的嘶鳴：

「那是北極，亙古冰寒的天地，永遠的乾乾淨淨，整整齊齊……極光以純白莊嚴的母性統治著，以姣美，如你一樣的姣美去臣服……。」

「如果是愛，那就行，人類爲了愛，會甘願被俘，甘願臣服。」

「道理是不錯，但極光不同，她的愛強烈而自私，她要的只是一塊血肉，絕不容許血肉組織裏有自我。」

「試過改善了吧！」

「試過了太多次！」你黯然的搖頭：「我曾以謙和來委屈順應，以憤怒來爭取，一次次失敗，原本的希望一點點淡失，直到現在，事實上是絕望……我曾極力忍受冰寒，企圖以自己的溫熱來影響她消溶，痴心想著在冰凍外緣裏面的核心或許是赤熾的，誰知道根本就是個錯誤，那核心只是一塊比表面更冷更硬的鐵石。」

「有沒有想過？如照她的意願來改塑你呢？」

「想過的，想著她既然不能進入適應我的生活，那就由我走進入她。爲了愛，我甘願改塑自己，只是自我性行的原型不能改變，那是我生命付出的累積，好不容易才成型樹立的支柱形像，是我活在存有裏最大最主要的憑依。此外我也明知，如果我連這也放棄改變，那就只剩下一堆缺靈的血肉軀殼，不但對不起我自己，就是極光，她對這毫無價值的血肉也一定會厭棄。」

「那設法去叫她了解這些道理呀！」

「沒用的，冰鐵就是冰鐵，不必妄想她會尊重你什麼。她只會控制，以冰凍來屈服你，以冰鏃來刺穿撕裂你，把你壓低，壓下冰層裏去蜷伏，否定你的自己，叫你成爲一條搖尾乞食的涸轍的魚。所有的溫熱她都不覺得，甚至說是虛僞。她自以爲愛得旣眞又強，而我確是不曾體會到絲毫溫暖，更受不了如此強烈的冰寒。」

「是你一開始就估計錯的吧！」

「確是如此，我曾歷經辛酸坎坷，習慣著付出去照顧對方，我在奮鬥裏疲乏，渴求溫柔溫暖，盼望情愛的支持與滋潤如飢如渴。是我誤以爲她的姣美堅貞就是溫柔溫暖，等到發現錯誤已是不及，更可悲的是我付出照顧的習慣寵壞了對方。我的渴求溫暖施予的迫切和基於愛與負責的那種不忍人之心，成爲她永立於不敗的利器，也使得她一直佔盡上風永遠自以爲是。」

「難道就這樣惡性循環下去？」

「是這樣，而且是與日俱增的變本加厲。」

「能不能看淡一點呢？」

「冰寒的堅冷已經惡化到連我的生活基本欲求都不顧了。本是人類最自然的需求，而她冰寒的特性卻以爲是卑劣可恥，在森冷之下，我不僅飢渴，連自尊自信都已經動搖……。」

「對不起，請恕我直言，旣然如此，爲什麼不逃離極地？」

「我想過……」你的神色益發黯然：「想過多次，考慮過各種後果。我之所以不能逃離的原因有三點：第一是蹉跎的時間太久，太遲了。另一是我能料到極光的色厲內荏，當我離去，堅冰也將崩決……還有……。」

「還有你們的女兒。」

「小的一個還只是可憐，大的一個已經怪異，一回到家就進房鎖門，她是想在極地製造另一個更小的孤絕。可是她畢竟還沒成年，我知道她的力量不夠，最近常聽到她一個人在房裏狂笑。」

「你該去幫助她的呵！」

「我何嘗不願，何嘗不想，只是我太疲乏，我自身難保。長期的冰寒生活，不是風暴就是叫人窒息的沉靜，生存在永無歡笑的極地，人漸漸變了，變得全無快樂，更不能製造快樂，予人快樂。我和大女兒之間已有隔牆，我想去拆破，但是我太疲乏，連一點溫暖的支持都沒有。」

「自己去另找寄託吧！」

「現在的情形就是這樣，我仍在另一方面付出，也能有一些可慰的績效來交代自己。只是我每天都不得不回到極地，一回極地我的全身都冰凍了，想著我連最基本的溫暖平衡都不可得，我在另一方面的付出事實只是變型的痲醉逃避，空寥萬分……有時候我甚至認了，就以極地的冰寒做我付出的動力之源，可是我又忍不住自憐，要找一個可以傾吐的人，因爲我實在太苦，苦得受不了。」

看著你痛苦扭曲的臉，我抱著你，眞沒想到你的痛苦比我的更大更深更重，我爲自己、爲你而流淚，我的淚和你的淚，交流在你我相依相偎的臉上。

周！雖然是切開了，萬想不到你傷得這麼重，重到連我想縫合你的信心都動搖了，怎麼辦怎麼辦怎麼辦？

老闆對我已嘖有煩言，祇要你一來，時間就得漫無止境地延長。除非你自己說要走，否則我絕不會開口的，不但是爲你，更是爲我自己。好不容易確定了這份相知，碰上了你，我生命裏唯一叫我死心塌地的冤孽。日日夜夜盼著你來，你來時我連錶都不敢看一下，生怕你會敏感。而你是永遠都不肯事先約定的，你一來，我就得儘快趕走別人來見你，同時關照姊妹們，有熟客來，就說我出去了！不知道什麼時候能回來，不必等我。

你不是不知道，留在我皮包裏的錢一次比一次多，我向你撒嬌，不許你這樣，你說：

「只是希望這樣能使妳方便些，使妳快樂一點！」

「不！你不快樂，我哪能快樂得起來？」

周！我實在是很不快樂，苦的是又不能跟你說。老闆已經多次表示，因爲我不能和任何人約定時間，說不定就那時候你來了，我的匆促一定會得罪客人；而只要你一來，別人連等候的機會都沒有，次數一多總就氣走了。雖然我付給老闆的只多不少，但老闆卻說這樣下去絕不是長久之計，我的客人一定會越來越少。他的意思很明顯，是要我把你和一般客人同樣看待，至少也要做到和你的時間能夠約定。可是我不願意，任何會使你不樂的話我絕說不出口。

女伴們都是很欣賞你的，爲你我的相知，替我高興甚至吃醋，建議我索性被你包了，我不知道你願不願意？連提都不敢提，怕你有了心理負擔會更心煩，更怕你驚覺到我的不便就此不來。我又沒有你的住址電話，只知道你姓周，甚至連這個姓是不是眞的都沒有把握。你要是一走，那就是斷了線的風箏，叫我何處去找你？

當然我自己也知道不能再拖，爲你爲我都該當設計了，你既然從不表示主動，就只好由我悄悄地來辦。唉！周！誰叫我是這樣癡心地愛著你呵！找個藉口，我先搬出來，在外面租了間套房，佈置好等你來。

好不容易等到你來，我告訴你，我已經佈置了一個溫暖的窩，是我的，也是你的，只要你約定時間，無論是白天或是晚上，我都會在那裏等你。我要叫你享受一整套的溫柔溫暖，不是這裏這種片段的。我要替你洗衣服燙衣服做衣服，燒你喜歡吃的菜，一面做家事一面跟講話。然後我們吃飯，看著你吃我爲你精心烹調的菜餚。飯後品茗談天，放好水，一對鴛鴦去到水裏，然後，我要用一條大毛巾把我倆裹著上床。床頭有柔和的燈和明鏡，我願讓你細細賞鑑我的胴體，告訴我每一寸每一分都是屬於你的，你可以恣意享用，我願意，全然的甘心情願。

你要談天或是休息我都順著你，躺在你的懷裏撒嬌，讓你行使寵著你愛人的習慣，讓我自己享受著被寵。陪你談天，抱著你，微笑著注視著聽你。你要是倦了，就枕著我的手臂或是把臉埋在我的乳溝裏睡吧！我清潔的淡淡的體香會使你舒散寧貼恬然入夢。我呢？我不願意動一下，生怕一動就把你驚醒了。只要你在我身邊，我就能快樂滿足，也許我會在你的噓息聲裏安然入睡，呵！對了！我還在爐子上燉著宵夜，我要替你端來，親手一匙一匙餵給你吃。

周！爲什麼你聽了這些竟然全無歡容安慰？鎖著的眉頭更緊了。你是怎麼啦？周！我並沒要你擔負任何責任什麼的呵！若是你不要我繼續這行業，我也願意聽你的。只要你來我們的窩，一週兩次或是一次，我願意一直保持著潔淨來對你。不要你有任何負擔，我自己能以勞力來維持，苦一點沒關係，只要你快樂就好。

周！爲什麼你仍是不快樂，而且似乎更加不快樂了呢？周！我看你連臉色都變了，你這是怎麼啦？難道你我就不能認眞？應該不是吧！我知道你重視我們這份相知之情絕不下於我，我對你如此，你一定應當高興快樂才對呵！爲什麼爲什麼到底是爲什麼？我眞的有點急了。是不是有了別的變化？告訴我快點告訴我。

又是那種寂寞的微笑，周！爲什麼呵！我已爲你如此，你是不該再這樣的。你的微笑一定應該有充份的自信開朗堅定才對，寂寞痛苦都已過去，都已屬於昨日，不是嗎？周？什麼？你說什麼？

「我已不會再麻煩妳多久了！」

「你說什麼？」你再低的聲音我也聽得眞，周！你哪能這樣說？一定是你說錯了，無心的；再不就是我聽錯了，我要你再說一遍。

「沒什麼！」

你居然沒留下來，匆匆就走，像是在逃避什麼。不過你倒是破例訂下了後約，約好第二天再來。我要你直接去我們的窩，你遲疑了一下說還是先在這裏見面。

第二天，唉！那眞是我生命裏最刻骨銘心的一次了。你來，我要同你去我們的窩，你不肯，說有事來不及。還是跟往常一樣和我好，怪的是事後你說馬上要走，拿出一張面額很大的本票來交給我，你說：

「謝謝妳給我的最後的一次快樂。」

恍如當頭洒下的一盆冰水，我立刻反問：

「最後？你爲什麼說是最後？你不再要我了？」

「唉！妳知道我不是這意思的。我……我實在是無奈。」

「是什麼無奈？」

「我……我要走了！」

「去那裏？」

「去……唉！反正是很遠就是了，妳……妳就不要再問了吧！」

「是出國？」

「不是！」

「還在這島上，是你一個人去嗎？」

「是我一個人！」

「我和你一起去！」我立刻有了決定，而你，只是苦笑著搖頭。

「那地方，是妳不能去也不必去的。」

「只要是你去的地方，那怕是地獄，我也要伴隨著你，和你一起去！」

我急了，我眞的急了。已經能覺得嚴重，明知正面是沒法阻止你做什麼的，趁你去盥洗的時候，我冷靜地想了想，跟著就做了我竭盡己力的事。

等你回來，你要走，我只是叮囑你，無論如何，晚間一定要來我們的窩，我等著你來吃飯，不管如何，你一定不能不來。

你沒拒絕也沒明確地答應，走以前你深深地吻我，長長的、深情地注視我。我知道在你的意思是把它當作最後一次吻別的，看得出你的珍重，也相信在你的珍重之中仍有留戀，你會再回到我身邊的，我相信。

然後，就是你臨去之前對我的微笑了，仍是那樣落寞的微笑。唉！周！就是這樣堅硬的一朵落寞，爲什麼竟不能以我情愛的眞切與熱力來把它摘下？

仍是陰雨，周！你的生命莫非就是一首雨的哀曲？所有的飛舞飄洒瀉落無非都是你最深沉的寒涼。

他們告訴我，就在雨勢最傾盆的時候，你把自己從十一層高樓擲下……。

記得你說過喜歡雨，越大越好，最好還能有雷電，惟有大雷雨才能叫一切不平沉靜，滌洗一切醜惡。是呵！難怪你每次都帶著雨來，雨水是你你是雨水，那每一滴點點洒洒都是你落寞的微笑，滂沱的是你痛苦的橫溢，掣電轟雷就是你抑悒悲憤的嘶喊……。

周！你雨的哀曲眞的就此劃然止寂？眞的就在那嘩然吹打的輓曲裏，以奮身一躍使你的精魂騰空而起駕騎著雨翼而去？

那晚上，我在餐桌柔和的燭光裏等你，聽著屋外雨聲嚎哭，想著你惦念著你，一陣陰風吹熄了燭光，屋裏的柔和在刹那間沉黯消失。那就是你，是你，周！是你從另一世界回來踐約了。我不怕，眞的一點都不怕。這世界好冷，我們兩個又都好苦，我倆是涸轍裏相濡以沫的兩條魚，讓我們擁抱吧！周！

你果然死在北極，不再尋求溫柔溫暖，以你永久的硬冷朽化斬斷了渴欲追求的痛苦，極地的冰寒與極光的冷漠再也不能傷害你了。周！爲什麼你的手不曾伸入外衣口袋，如果你曾伸入你會發現：

你給我的本票和我的紅豆項鍊都在裏面，那是我，整個的我都交給你了。你絕不可能不感動留戀的，你一定能知道我的意思，知道我要你帶著淋漓的溫熱的身子回來我的懷裏。

你的手一直沒伸進袋裏？還是在躍下時才已發現太遲？還是你發現後，仍然選擇了那樣的解脫？周！不管你是哪一種，我都知道，在你以陰風擁抱我時，我知道是你回來踐約了，你不說我也能知道你的無奈與歉意，與你對我最眞最深的情愛。

還記得吟著「但教心似金鈿堅，天上人間會相見」時你我眼裏的瑩然吧！周！如果你能做到，你就帶我去吧！不管你在哪裏，我都願意。你知道既然我已經找到了你，一定就要廝守著不離的了。不能在地上，就去天上地下，甚至是地獄我也甘願。對我，你就是我的一切，沒有了你，一切就都沒有意義。我好冷，好寂寞，周！讓我們去地獄烈燄裏擁抱吧！我眞的什麼都不怕，只要能和你在一起。

周！你在哪裏？你能聽到我在喚你嗎？周！我愛你！快來帶我去，還是約在雨天，好的，我等著，在每一個雨水的日子裏等你，沒雨的日子也在等著你，在我自己的淚水裏苦苦地等你……

七十、十一、十六、十七台灣日報副刊

部主任的一天

（一）

天氣是晴朗的，傅部主任的心情也是挺愉快的。駕著自用轎車上班，看車窗外朝陽的炫麗，感覺到自己就如同這朝陽一樣，名望、事業、財富都正在上昇狀態。官拜私營大公司進修部主任，一級主管，整個進修部的發展興盛全繫於他一人之手。不！更重要的是公司的革新發展，全寄託在這新成立不久的單位上。

傅部主任接事還不到一個月，起初他的心理確曾有過一陣子不太愉快的。進修部主任這頭銜，當然比不上業務處、總務處經理那樣輝煌。早在一年前這單位成立的時候，就有人說不必設什麼部，只是人事工作的一項，就附在人事室業務項下加強辦理就行。都是公司的老總力排眾議，強調員工的訓練進修是因應時代潮流的必需；進修部的成立是本公司革新進展的希望；一力主張單獨設置，而且要提高地位。新單位的主管，傳聞就是擁有日本文哲博士頭銜的專門委員傅洪發，就連傅洪發自己也隱隱覺得十拿九穩非我莫屬，沒想到發表時竟是那位將屆退休之年的劉老。劉老做了一年，一無是處，把一個一級單位做得像個閒衙門福祿堂，直等到他今年退休，才又落回到傅洪發的頭上。人員編制、經費預算早就都定了，更動的彈性不大，簡直就是個爛攤子，有什麼好接的？當人事室牛主任透露消息的時候，傅洪發就曾表示過興趣缺缺。打個譬喻來說：像是上菜場買肉，到手的不是整塊的里肌，只是附帶的小塊五花肉，那有什麼意思？何況老總在一開始該找他的時候沒找他，現在卻要他來出任艱鉅，使他難免覺得委屈不是滋味。

可是會計室的葉主任就曾告訴他說莫要錯過機會，大小總是個一級單位，別的不說，光是福利方面就比閒差使的專門委員好得太多。何況事在人爲，傅洪發當然不比劉老。進修部嘛，以後一定就在傅博士的大力之下大修大進，遠景可期。這年頭，最重要的是合作，不能置身事外，一定要參與，參與之後才能有進展改變。

老葉的話實在不錯，就是他和牛主任在拉著傅洪發，傅洪發深深感覺到自己必須加入他們的陣容，形成三位一體的鐵三角，配合著爭取重要的高位，擴展陣營，組成堅強的當權派……。牛、葉兩位分掌人事、會計實權，只是職位都已經到了頂，不能再升，他兩個要拉富有發展潛力的，被他們看中正是自己的幸運。遠景可期，對！福利不錯，也對！傅洪發上任不到一月，委屈和不愉快已經漸淡。對這進修部主任職位的感覺，已由無足輕重附加的五花肉進到有如雞翅的滋味，甚至感覺到這雞翅上的肉並不少，有著可以變爲肥美雞腿的「遠景可期」。

到公司停車之後，遇到一大群年輕的女作業員，都很恭敬地叫他：

「傅主任早！」

「妳們叫得不對！」他立刻加以糾正：「第一：在我下面還有教務、輔導、總務三組，每組都有主任，妳們這樣叫我，豈不是上下不分了嗎！第二：妳們稱我傅主任，人家不知道的，會以爲我這個主任是副的不是正的！」

「那……我們該怎麼叫您呢？」有個女作業員，用一雙迷惑的大眼睛望著他。

「妳們應該叫我部主任，我是進修部的主任，公司裏只有我這一位部主任。」

「部主任……叫起來怪怪的……」那些女孩還在他身後吱吱喳喳。他想：這也就是我進修部主任的職責，機會教育嘛，初叫時不習慣是難免的，一定要糾正，多糾正幾次，慢慢地就會改正了。

（二）

每天上班，最大的愉快就是看到年輕的辛秘書那張俏麗甜美的臉。她是傅部主任上任第二天就調過來的新人，名副其實的「新」秘書，以專科畢業的學力，進公司不到一年的經歷，破格由辦事員跳升到代理一級單位的秘書。仗的全是傅部主任的大力，是他以去就力爭堅持之後的得意結果。當時他向牛主任說：「任何主管都必須用一些私人，我只要一個秘書，這不算過份，沒有她，我就寧肯辜負老兄的好意，不能做！」

部主任辦公室是裏外兩間，傅部主任也想過把辛秘書調進裏間來，每天面對著一朶解語花，可說是賞心悅目。但他一直克制著沒這樣做，一是不願二是不敢，不願的是鐵三角談秘密時多有不便，不敢的當然是人言可畏。就連傅部主任自己也分明感覺得到，與她的特殊關係，同事間早就在傳播，雖然在目前還不會有什麼危險，可是小心謹慎，以策安全，那是最重要的。

辛秘書捧著一疊各色的卷宗進來，報告他今天的日程：

「上午十點有行政會議，下午是魏專員的喪事，一點半在市立殯儀館公祭，林小姐的移民手續辦得差不多了，月底要走，辭呈還沒上，從今天起請假到月底，是休假，另外還有方小姐請產假……。」

「生了沒有？」

「聽說是昨天生的，是個兒子！」

眞想問她一句：「什麼時候妳也替我生個胖兒子？」不巧，電話鈴響，是外線，鉅仁建設公司的張老板，中午請吃飯，醉月樓，主客還有牛主任、葉主任。準就是進修大樓工程招標的事，鐵三角早就有了決議，招標以前絕不接受應酬，避免招搖……電話裏婉拒，張老板還要嚕嗦，乾脆告訴他牛、葉兩位也不能去，好教他明白這是鐵三角的一致行動，當然還得留條尾巴暗示著他，傅部主任一連說了好幾個：「以後……以後一定應命……。」

放下電話，那張美麗的臉已經去外間了，踱出來看看，低著著粉頸，正在登錄些什麼，順便去三組辦公室巡視一番，好傢伙，亂糟糟的。好多個女職員帶著孩子，繫著幼稚園圍兜的，這些太太們帶著孩子來簽到，簽完到之後送孩子去公司附設的幼稚園，這陣子正忙著，走廊上、辦公室裏，一大群毛孩子亂竄。部主任一出現，各位母親趕緊拉著自己的孩子，教孩子們叫「伯伯」，孩子們有的叫了，有的不理，雞飛狗跳地亂成一團。

進到三組辦公室去看看，三位組主任，只有總務組的李主任來了，恭恭敬敬地站起來叫：「部主任早！」辦公室裏圍著一大群女工友，是在開會標。聽說總務組的這位女工友胖阿巴桑是「互助會長」，專做會頭，起了二十多個會，會友遍及公司各單位，每個月一到下旬，阿巴桑這裏每天都有開會標，怪不得這樣熱鬧。

這些女工友比起那些媽媽職員來差多了，明明看到部主任駕到，連一聲「早」都不會叫。在一旁陪著的李主任一直尷尬地乾笑，傅部主任有點怪他爲什麼不提醒大家一聲，想想這冰凍三尺非一日之寒，公司裏上上下下八百多員工，女性佔了三分之二，各單位幾乎每個月都有大肚子請產假的。太太們揩油公物，文具紙張、毛巾肥皂清潔劑殺蟲劑甚至衛生紙，只要是用得著的全往家裏搬……去年進修部新買的二十臺電扇，不到一年全部報廢，聽說內情是大家把家裏的破舊電扇拿來充數報銷……反正這些人所抱的宗旨是「吃定公司」「家務第一，工作是兼差」，公司不但付薪水養他們，還得供給他們全家的生活消耗品、孩子們的文具用品。有一回傅部主任就聽到一位老資格的女職員教導新進的後輩說：「孩子們用的文具不必買，這裏多的是，用完了塡單子領不就得了！」太太們忙著接送孩子、標會、打毛線……空下來談張家長李家短，談昨晚上麻將的輸贏；小姐們則忙著化裝、約會、談美容、談明星歌星……認眞辦公的人是有，不多，每個單位不過一兩位，搞久了有些也就近朱者赤，宣誓加入爲「拖推會」會員。有一回，一件重要公文在一位小姐抽屜裏壓了半年，等到追查找出來時效已過。總經理爲此曾大發雷霆，宣佈要嚴懲失職人員，結果還是雷聲大雨點小，那位小姐沒事，原因很簡單，她是人事室牛主任的乾女兒。

回到辦公室，傅部主任有點心煩。算了！一切都是人事，每個人都有後臺，都改不得也動不了，人和第一，睜一隻眼閉一隻眼吧！還是想想自己的事要緊，本部職員林小姐今天又請假，兩個月後舉家去美國，說是她的先生外放，其實誰都知道她們夫婦早就有了綠卡，這一去嘛準就是肉包子打狗有去無回，還要拖上兩個月的原因爲的就只是年終獎金，要走還不肯大方乾脆，還要等著拖著能撈就撈，撈到不能再撈才肯走。每天簽完到來辦公室打個轉，人就不見了，難得看到她耽上一個半個鐘點的。有一回傅部主任蓄意地釘牢她，看她究竟在幹什麼？她溜不掉，只好拉開抽屜取出件公事來辦，像是一件通知要發，她寫信封，寫一個揉掉一個，像是在練字，傅部主任耐心地釘著她，足足看了半個多鐘頭，終於寫好了一個信封，套進通知去叫工友寄發。做完之後，她向傅部主任笑了笑，低下頭去小心地銼她的指甲，一點也沒有什麼不好意思。

公司裏有綠卡的人多的是，傅部主任的太座就是一個，每年都得去美國跑一趟，旅費化得實在心疼，兒女早就送去美國，再過二年太太也要去美國永久居留。自己呢？目前還沒有這種打算，事業正如日之昇，薪水雖然不多，暗盤外快實在不能算少，一年下來至少也剩個百多萬，移去美國存起來，去那裏開餐館、汽車旅館，美國的生活不好做，黑人搗蛋，黃皮膚的難免受歧視，傅部主任很難想像那是個什麼滋味，反正絕比不上現在當部主任如此威風……唉！算了！以後的事以後再說，現在不想也罷，大了不起什麼都不做，光憑美國銀行的存款，下半輩子也夠了。目前這幾年最重要，多撈一個是一個，兩年後太太去美國，最好！乾脆把辛秘書接到家裏來雙宿雙飛。以後，以後去美國的時候能不能夠帶著她，八成是辦不到，棒打鴛鴦兩難分，到美國哪還會有另一個辛秘書，那怎麼辦？眞心煩？算了！以後的事還早，不想也罷！

林小姐留下的缺大可利用，這年頭人浮於事，賣個人情一筆厚禮絕無問題。討厭的是人事室主任牛主任早就有過暗示，要補他的表姪女，什麼表姪女？一表三千里，哪門子的親戚，還不都是托詞，天曉得老牛收了人家多少錢？可是老牛的面子絕不能不給，這次出任主任全收他的大力，以後，以後鐵三角合作發揮功能正多，算了！林小姐這個缺就留給老牛的什麼表姪女，沒什麼指望了。想想進修部還有什麼人會動？好像沒有，除非有高就，否則就是吃定公司一輩子，一直到退休。對了！進修部總該有人快退休了吧！對！那個老辦事員姓陳的，查查資料看，在這裏，還有一年，眞洩氣！

下午有魏專員的喪事，這老傢伙在生前就沒有什麼利用價值，死了當然更是免談。訃文裏的「懇辭輓幛，奠儀移充子女教育基金」，分明是最後一次敲竹槓，想想也實在可憐，結婚太晚，兩個孩子都小，更妙的是連幢房子都沒有。傅部主任想著下午是鐵三角聚會，公祭一定不能去，奠儀就送現金吧！該送多少？拿起電話吩咐總務組的李主任去辦，照別的一級單位主管的份子。魏專員死了也有點方便，至少他在進修部的課總算是騰出來了。兩小時的應用文可以做做人情改排給別人，排給誰好呢？當然是要有原則，誰的來頭大、份量重、交換條件好就給誰。汽車公司的郭某人不錯，上次要換部新車，他答應得比照員工同仁給最大的折扣。這小子有錢還想著要出名，一直纏著傅部主任耍鐘點，以後也好在名片上印上「進修部教授」或者「進修部講座」之類的清高銜頭，對人也好吹噓他是個「學人」。好吧！這兩小時課就決定給他，先叫他把車開過來，要什麼顏色的？小心肝辛秘書喜歡白色，就要一部白色的，以後晚上就帶著她駛車去郊外，有她依偎在身邊，嗅著她的香氣，柔髮粉臉就在肩旁，一隻手掌駕駛盤，空出來的另一隻手在她身上檢閱，開快時會惹得她緊張，嬌癡地緊摟著自己，在清靜的地方停下來，摟著她，吻她，享受她……嗯！不錯！就這麼辦。但不知這姓郭的會不會教應用文，管他的，不會是他的事，叫他趕緊去買本書來惡補不就得了？

魏專員得的是癌症，傅部主任有點警惕，想起自己不久前感到腹部不舒服，曾經去做過檢查，結果大概快出來了吧！忙著沒時間去看結果，吩咐叫太太去看的，不知道她去了沒有？會不會……呸呸！那會這樣倒楣，現在的感覺不是挺好的嗎？日正當中，健康情形良好，腹部的不舒服一定只是暫時性的神經痛，不會有什麼關係的。

還是想想人事安排要緊，進修部的三個組，最重要的是總務組，早就看不慣那位李主任，不是自己的心腹，一切都不方便。弄不掉他，要求調換總該可以吧！和別的單位調換，最好能把總務處的馬專員調來當組主任。如果是他，回扣最少是四六分帳，甚至可以三七也說不定，所有的事歸他辦，我部主任坐拿七成。按月送來家裏，封袋裏還附著有帳，說明他沒有私吞，錯不了，眞好！只是這位馬專員在總務處等著升經理，換來進修部幹組主任確實有點委屈。何況現任的李主任原來是會計主任的關係，前天才弄清楚的。前天晚上他到家裏來送了一份厚禮，他的前腳剛走會計主任老葉的電話就到，替這位李主任明說以後收回扣五五分。豈有此理！一般行情誰不知道至少是四六，主管多拿兩成那是天經地義，哪可以什麼對分的？傅部主任心裏委實很不高興，但他敏感地立刻想到對方這五成中間一定有會計主任的份，算了！鐵三角的團隊精神，來日方長，彼此正需要合作，一些小地方是犯不著去斤斤計較的。

（三）

九點五十分，行政會議的時間快到了，傅部主任一向是最準時的。去會議室的路上，隱隱覺得老總就走在自己的後面，是老總那雙皮鞋的聲音特別與衆不同，只有如傅部主任這樣細心敏銳的人才能察覺。傅部主任立刻想到要加強好感，眼光稍一巡視，正好發現了走廊前面的煙蒂，傅部主任毫無猶豫，立刻去撿起來丟到走廊旁的廢物筒裏。

這種自動自發，注重公德的優良表現，看在老總的眼裏，果然立刻生效——。

「洪發兄！」

早就料到他會有反應，傅部主任立刻回頭，恭敬地招呼：

「總座好！」

「洪發兄，委屈你了！」

如傅洪發這樣的儀表、口才、學歷，當個進修部主任當然是委屈，可是更好的是他的謙遜。

「不敢不敢！總座賜給我表現的機會，是我最大的榮幸，我一定要竭盡駑鈍，全力以赴，希望能不辜負總座您的謬愛！」

就知道這位總座的習慣：言談之間最喜歡掉文，用舊的詞彙是典雅；用新詞是適應時代潮流。總座標榜的是新舊並擅，最欣賞的就是能學他樣子的部屬。

「進修部的情形……？」

「經過一陣子的學習，我已經有了比較深切的認知，相信今後的業務計劃推展，一定能夠正常運作的。」

剛才的一句掉文，那是表現傅部主任的舊學渾雅；現在這一句，傅部主任適時用上「認知」、「運作」等作詞彙，表現他新知的充份。而且，在老板面前答話，絕不提什麼困難，作用是要叫老板放心，他選的人沒錯，大將之才，完全罩得住，再大，再重的責任也都挑得動。就要在他的心目中樹立起一種信心——確是人才——以後少不得還要多多借重。

總座的反應是料得到的，看到他連連點頭、微笑，一迭聲地讚著：

「好！好！」

和總座並肩進入會議室，傅部主任確有一份驕傲得意的感覺，但在進門的時候，機警的他不忘禮數，退後一步，讓總經理先進門。

會計室的葉主任在那邊招手，傅部主任自然而然地坐在他的身邊，老葉的身邊是機要秘書小吳，再過去就是人事室牛主任，鐵三角陣勢擺開，這是公司裏現在分著的黃白藍三大派。總工程師、業務部經理、兩位廠長、副產品廠長是白派；主任秘書、總務處經理、倉儲部主任是藍派；以人事、會計、進修部三位主任爲中心的是黃派。傅部主任並不諱言這些，只是覺得「黃」色有點那個，當然又不能是「紅」或是「黑」「綠」，那會比黃更糟。黃白藍三派鼎立，近年來藍派的大多老朽昏庸，無能爲矣！剩下的黃白兩派勢均力敵。但是白派的主管技術生產，多數是些學理工的，那比得上黃派主要人物的頭腦靈活，手腕高明。傅部主任常想，只有我們這鐵三角才是公司裏眞正的當權派。一切不外是用人用錢，人事、會計都在咱們手上，就像是兩隻鉗，鉗住你白派的技術生產，叫你動彈不得，乖乖地聽我們鐵三角操縱指揮。對！我們鐵三角才是公司的核心，不該叫什麼黃派，該正名爲「當權派」或是「核心派」的，白派嘛就改成技術派好了，藍派的都快退休了，名副其實就該稱爲元老派或是老朽派吧！

行政會議，果然不出所料，白派發動對黃派的攻勢，更令人氣憤的是砲口竟然指向進修部。總工程師的一番話，痛陳公司現有的弊端：機器設備老舊未能汰新；人員浮濫，技術生產部門人員不夠，一般行政單位的人數反倒是技術人員的兩倍有餘，簡直是本末倒置，供養著一大堆閒人，對公司主要的產銷體系毫無幫助。根本解決之道是裁撤冗員，更新設備；進修部沒有必要單獨設立，在精簡人事的原則下，應該由人事部門和技術生產部門調人合作辦理，進修業務應該是要側重技術人員的養成訓練，而不是一般行政人員的文科進修，照目前的進修辦法看來，只是幫助了行政人員，讓他們在學力增加之後加薪加級加退休金基數，對公司的產銷主體並沒有任何益處。

總工程師的口才不錯，一番話說得頭頭是道。傅部主任又氣又急，緊張得手心直冒汗。注意看總經理的反應。還好：他雖然在注意聽，但卻一直沒點頭。傅部主任看了牛、葉兩位一眼，他們的眼色在示意傅部主任反駁。

傅部主任站起來，義正辭嚴地反駁：說明進修是現代社會的潮流所趨，惟有勤學健全的員工，公司才能有理想的發展。不知是怎麼搞的。傅部主任覺得自己說的話十分空泛，一時間居然把握不到重點，不能有一針見血的有力理由來反擊。他一面說一面看總經理，竟然發現總座倦怠地在打呵欠，傅部主任的心裏一虛，更是覺得洩氣，草草作了個結論就坐下來。

幸虧鐵三角的核心人員立即增援，葉主任起來說明經費預算，指出總工程師增添設備的計劃，目前因爲公司虧損，根本就不可能。白派的業務處經理立刻反擊，指出既然虧損，爲什麼不列增添設備的預算而謀改善生產轉虧爲盈，反而列是增建進修大樓八千萬的不急之務？他建議專案報請財團法人董事會重新考慮，更改用途，把進修部的建築經費移來增添機器設備。

業務處經理的嗓門很大，咄咄逼人，一時間會場裏充滿火藥味。藍派的一些老朽，幸災樂禍地在隔岸觀火。葉主任機警，立刻把責任往上推，說明興建進修大樓是公司的決策。大家都看著老總，老總的涵養眞夠，既不承認也不否認，像是個沒事人似的。可是所有與會的人都感覺到老總這是在反穿皮襖裝羊這情況有點尷尬。虧得人事室牛主任出來打圓場，說明技術人員的養成訓練固然重要；一般行政人員的進修也是具有價値，至少可以減少同仁們的方城之戰。直接方面對本身工作，家庭和睦，間接方面對社會風氣都有助益。牛主任說得很幽默生動，惹得藍派的一些人都笑了，會場的緊張空氣緩和了不少。

老總的結論是：「由生產部門補列增添機器設備預算，專案報請董事會撥款辦理。」進修部的事沒提，當然是外甥打燈籠，照舊，傅部主任心頭的一塊大石落了地。散會時聽到業務處經理忿忿地向人說：「這算什麼嘛，簡直就是和稀泥！」傅部主任心想：這一句對上的大不敬一定要設法傳到老總的耳朶裏去，最好不要由自己來說，告訴機要秘書小吳，吩咐他得便時進言最好。

十一點多回到進修部，輔導組擬訂的進修人員出席考核辦法送來。傅部主任一肚皮不愉快正好找到了發洩，隨便翻了翻，就叫辛秘書請輔導組的王主任來。王主任一進門，鞠躬的頭還未抬起，傅部主任的連珠砲就已對準他迎頭痛轟：

「這是什麼辦法？空泛！空泛！不切實際，要是照這樣做，哪會有什麼效果？辜負了總座對我們進修部的期望，別人又會怎麼說？進修部不是進修部，是聯誼會，是俱樂部……。」

「可是！」王主任囁嚅著分辯：「我們的對象是同仁，不是學生。」

「我當然知道是同仁不是學生！」居然他還敢頂，傅部主任更是生氣：「進修部是訓練機構，來進修的同仁就是學員，是學員就要守學員的本份，你懂不懂？」

「我懂！我懂」王主任顯然決心放棄己見，開始來作探測：「關於條文的規定，請部主任指示！」

「你拿回去重新擬訂，我只有一個原則：規定要切實，不能空泛！」

揮揮手，眼看王主任一臉茫然地出去，傅部主任眞想再罵他一句：要我明確指示，那乾脆由我來擬訂辦法好了！什麼事都由我部主任來做，那要你這個組主任做什麼？

中午快下班的時候又是女工友大會，一大堆阿巴桑吱吱喳喳，都帶著便當來總務組胖阿巴桑互助會長這裏報到。傅部主任最討厭的是倉儲部的那位女工友，一張晦氣臉冷冰冰的沒有一絲表情，腳下老是穿一雙拖鞋，踢踢踏踏，眞心煩！

想著千萬不能發火，要忍耐，要練到視而不見聽而不聞的境界，不能罵人，一罵準就出事，老板用人的原則，第一就是不准出事，多做多錯少做少錯不做不錯，既不能錯就不能做，不能做所以就不必罵。

(四)

中午，爲了參加鐵三角死黨巨頭會議，不得不放棄和辛秘書的午時幽會，傅部主任的心裏不無怏怏。鳳賓飯店十樓雅室小聚，三巨頭一見面，會計主任老葉就向兩人調侃：

「老牛的乾女兒、老傅的小秘書，今兒中午掛空，你們兩個要小心喲！小妞們精得很，只怕會走私吧！」

經他這麼一提醒，傅部主任心下眞的有些嘀咕，小辛現在在幹什麼？會不會抽空去會小白臉？不會吧！追她的人固然不少，直到目前似乎還沒有固定的。何況每天中午幽會已是慣例，今天的暫停也是臨時才告訴她的，就算她有什麼計劃也一定措手不及。

黃派核心聚會，三巨頭之外還有兩員大將，總務處的馬專員、秘書室的吳機秘。第一件大事是進修大樓工程投標，主管營繕的馬專員報告他接洽的結果：比較之下是都門營造最爲理想，康蜜新百分之八。雖然別的營造商可能還會更高，但商譽信用比不上都門來得可靠，擔心在承包之後會出問題。更重要的是都門跟馬專員的關係夠，暗盤保證在得標之後立刻兌現，機密安全，絕不會有什麼漏洞被人抓到把柄的。

牛、葉兩位都表示同意，強調安全第一；傅部主任當然也沒有異議。暗地盤算，八千萬的百分之八就有百來萬，四、五年的薪水總和也不過如此，進修部主任到職之後的第一筆大收入，的確不錯。

跟著商量細節：底標由馬專員透露給都門，主辦開標由馬專員負責：審核方面是葉主任，另有牛主任、傅部主任參與，沒問題；總經理那裏有吳秘書策應，配合可以說是天衣無縫。牛主任還特別提醒馬、吳兩位：這是一件大事，白派的那些理工科的根本不懂其中奧妙，不會干預也無權干預；該擔心的是藍派的那些老油條。吩咐馬、吳兩位一定要沉住氣，自自然然地辦，不能流露出積極興奮的樣子來啓人疑竇。牛主任勉勵大家說：

「目前我們還有些不方便，到明年就好了，總務處經理、主任秘書兩位都已屆齡退休，看來由小馬、小吳兩位坐升應該是沒什麼問題。業務處的那位也快了，是後年，空出來的位子正好由傅兄去，進修部嘛，再考慮由我們的人來接⋯⋯。」

「我看小吳來接最好。」傅部主任說：「只是主任秘書那位置太重要了，非要小吳這種幹才居中策應不可！」

葉主任感慨地說：「三軍易得，一將難求，要控制整個公司，就咱們五個人是絕對不夠的，好在目前大致還罩得住，一兩年裏，我們必須注意物色新人加入才行。」

「有一個人，大家看看是否合適？」牛主任持杯沉吟，四個人不約而同注意看他：「剛回國的林工程師，林英俊。」

「他不是白派的嗎？」

「目前是白派沒錯，可是最近我幫了他一個大忙，他很感激，要爭取他過來，那是沒問題的。」

「老牛，你又做了什麼手腳？」

「林英俊這個人，學力、能力都不錯，我早就注意他了，正好他有件案子到我手裏，我替他擺平了！否則鬧開來，他就是個身敗名裂⋯⋯。」

「是什麼事？怎麼一點風聲都沒有？」

「林英俊有了外遇，太太堅持要告，是我出面勸和了的。」

「眞看不出來，林英俊也有這麼一手，對方是誰？公司裏的嗎？」

「不是啦！是個女博士，歸國學人，三十二歲的老處女。」

「不對不對！至少被林英俊用過的，哪還是什麼處女？」

傅部主任這一句，大家全笑開了。牛主任就坐在旁邊，這時候語意深長地對傅部主任說：

「洪發兄，這一次我跟老葉拉你出來，沒錯吧！」

傅部主任一迭聲道謝：「多蒙兩位老兄抬愛栽培。」舉杯向兩位敬酒，葉主任起鬨，要傅部主任自飲三杯，也照辦了，一連乾了好幾杯，傅部主任微微感到有點不適。牛主任忽然問他：

「洪發兄，想要知道有關你的輿論嗎？」

傅部主任一驚，所謂的「輿論」，一定就是壞話，沒想到上任不到一月就有批評，趕緊向黃派的大哥請教：「當然，請吩咐！」

「我可是知無不言，言無不盡囉！」

「自己人嘛，當然是實話實說！」

「我們洪發兄上任不到一個月，白派、藍派的就已經在散播搖言，說進修部上班的情況最亂最糟，早上是幼稚園大會，中午是下女同業公會，下午是小學生運動會，上班是太太們的副業。

「那是前任……。」

「我知道是前任，不過現在是你洪發兄當主管，這些帳他們全算在你的頭上。藍派的還掀你的底，說這一屆公司稽核委員投票，十九張開出來的全是傳洪發！」

「確實是有點尷尬！」葉主任接口說：「事先我就跟洪發兄關照過，篤定當選絕無問題，沒想到他還是不放心，自己的一票也投給自己，鬧出笑話來！……。」

傳部主任禁不住臉紅，還好！借著酒意可以遮蓋，岔開話題問：「就這些了吧！還有什麼沒有？」

「還有哩！藍派的說你專門否定下面人的意見，否定之後又沒有明確的指示，搞得下面的人不知道該怎麼來辦事？」

「這話一定是進修部裏面的人傳出來的，倒是要注意查查看是誰？」小吳的一言提醒，傳部主任立刻在心裏盤算一陣：總務組不會，教務組的也不像，一定就是輔導組的王主任，記得自己一上任就專找他麻煩，狠狠地給他碰過好幾次釘子，目的是想要逼他改調，沒想到被他反咬一口。

「還有藍派的不知從哪裏得來的消息，說我們傳博士的博士學位是假的，用錢買的。那家日本大學設在一幢公寓裏，是個沒有教室，不必上課，只要繳錢就拿文憑的野雞學店……。」

「豈有此理！」傅部主任忍無可忍，重重一拍桌子，一隻酒杯跳了起來，裏面的酒都潑翻了：「這太過份了，我的那篇博士論文，詩經考證，就登在學術年刊上，裏面包括考證四千六百三十三條，條條都有出處，那還假得了！」

「可是白派攻擊你的理由也就正在此處，說你的論文全是收集、抄錄，沒有一條是你自己的。」

「太過份了，我一定要追究，查到是誰造謠生事，我要告他，告他人身攻擊……。」

傅部主任忽然覺得腹部一陣疼痛，勉強按捺下怒氣。座中的四個紛紛向他敬酒，勸他息怒。馬專員最會見風轉舵，這時候說：

「其實他們白派、藍派又有什麼了不起，就拿我們總務處來說，年年修屋頂，包商永遠是同一家，誰都知道是經理的親戚。」

「總務處的外勤班最不像話！」牛主任說：「架子大，誰都指揮不動，每天上午來工作兩小時，十點鐘一到一個人影都不見。藍派的光說進修部如何如何！進修部的太太們上班總不會只有兩小時吧！小馬！明年你上去之後，可得要好好整頓整頓！」

「您說得是。」馬專員顯得心事重重的樣子：「只怕到了明年，我還是上不去！」

「慢慢來，不要洩氣。」牛主任轉向吳秘書：「小吳！主秘有沒有對你說過，他要推荐你？」

「沒說！主座您看我該怎麼辦？」

「主秘到明年四月就該退休，我知道他會纏著老總想要延長，老總也許會卻不過這個情，主秘畢竟是老總帶來的人，血濃於水嘛……」牛主任忽然義正辭嚴起來：「不過，要是我人事單位堅持，老總也不能破例。何況主秘的形像很糟，上回的事大家都知道的，那個神經病工友拿刀要追殺他，結果還是主秘出錢供他去環島旅行消消氣，綱紀敗壞，成何體統？我們人事單位，這些記錄是抹不掉的，形像破壞，不配做幕僚長……。」

牛主任說得篤定，像是公司人事全由他作主似的。馬專員、吳秘書輪流向他敬酒拜託，他也都接受了。傅部主任本來也想再敬敬牛、葉兩位，可是腹部一陣陣隱疼，疼得他不敢再動。同時這時他的腦子裏又有靈光一閃，爲什麼牛、葉兩位要把自己的一些糗事全抖出來？會不會是有弦外之音？是黃派前輩對新進的一種手段，目的是什麼？不用說，一定是進修大樓建築費回扣的分配。牛、葉兩位一直沒表示六百多萬的分配辦法，看來自己的一份絕難和他們兩位平等。到底能拿多少？總不能比小馬、小吳還少吧？傅部主任悶在心裏，想問又不敢問，只覺得腹部的隱痛一陣陣更利害了。

「有一件事，我們大家都要防著點。」葉主任忽然面色凝重地說：「聽說老總也有倦勤之意！」

「很難說。」

「繼任的會是誰？」

「一定是外來的空降部隊。」

「也不見得，說不定就是本公司的土產。」

「會有這等事，那會是誰？」

「總工程師。」

「是他？不可能吧！」

「你們不知道，不但是有可能，而且是很有可能。」葉主任肯定地說：「有人告訴我，董事會很欣賞他，你不看他最近的表現很積極嗎？」

「眞的……。」

「如果眞是他，那我們……」

傅部主任心想，如果是白派的上去當了老總，第一個開刀的一定就是我傅洪發，今天會上那不是很明顯嗎？進修部說不定會裁撤，難道我再回去坐專門委員的冷板凳？專門看報、喝茶的委員……。

腹部痛得更利害了，傅部主任幾乎要呻吟出來。席散時他們四個還有節目，脫衣陪酒的所在，傅部主任推說下午有事，不能奉陪，還好他們不曾勉強。

(五)

在辦公室打電話給汽車公司的郭×，告訴他排了兩堂應用文，這小子不識相，電話裏說他不會這一門，最好換成「公共關係」。什麼話？原來他就是負責公共關係的，是你的本行不錯，可是進修部的這門課騰不出來，任課的施××是白派的大將，得罪不得，絕不能換。郭兄你要就是這一門，別的沒辦法，什麼？你不會！笑話，哪一個是生下來就會的，這種課，買本書研究研究不就得了。什麼地方買？街上多的是。問我哪一本好，我怎麼知道，你就揀最大最厚，價錢最貴的一本買準沒錯。中國人教中國字的書，誰都會，沒問題，當然沒問題！我傅部主任舉個實例給你聽，有一次×××公司請我去講日本經濟，我又不是學經濟的，還不是找些資料看看就上陣。結果如何？哈！那還用說，憑我大博士頭銜還有什麼唬不住的？客滿！掌聲如雷。對了！郭兄你的學歷如何？什麼？專科畢業！咳！這怎麼行，你已經託人去日本設法，碩士學位，好！是哪一所學校？喔！好的，我知道，我知道！

眞沒想到這郭×走的竟是和自己同樣的路線。唉！這一下眞要好好注意，這個人得罪不起，好在他是外人，胃口不大，只是上兩堂課，若是裏面的人，眞能掌握到我傅洪發的底牌，掀開來那……。

本來腹部已經不太痛了的，現在又痛起來了。原來約好小辛晚間的，沒奈何又只好取消。走出辦公室時，還沒到下班時間，走廊上到處都是小學低年級的，都是來找媽媽帶回家的，有的還帶著球在丟，亂哄哄地尖叫穿竄，就像操場那樣。

回到家，出奇的是太太今天居然沒有牌局，一個人等在客廳裏，看她的臉色沉重，傅部主任有著山雨欲來風滿樓的警惕。

「洪發！」

「我肚子下面好痛，別來煩我！」

「洪發，我有事要告訴你。」

「什麼事，明天再說吧！」

「很重要的事。」

「什麼？」

「你醫院檢查的結果……出來了！」

「怎麼樣？」傅部主任覺得自己的聲音是抖抖的：「有病……？」

太太點點頭。

「是……什麼？」

「他們說……是癌……」

像是一聲轟雷乍降，原本期待著的一線希望劃然斷絕！傅部主任感覺到腹部一陣劇痛；像是病毒正在裏面擴散……他想起好一些最重要的事，百多萬的回扣再過一兩個月就能到手，業務處經理的位子也只要再等兩年，還有辛小姐，約好這個週末帶她去溫泉度假的，溫泉水滑洗凝脂，不能死！不！連病都不能病！這件事一定得保密，要保密！傅部主任痛得癱到在地，向著太太喊出一聲：

「封鎖！封鎖消息……。」

（作者附註：本文題材純屬虛構，沒有任何影射的意圖。） 七十一、十二、臺北

定點的圓弧

(一)

「一定要離嗎?」

「當然!」

「考慮過後果沒有?不後悔?」

「早就想過了,反正活命最重要,這麼拖下去,我實在受不了,不死也會精神分裂……。」

「你……是不是覺得有好些道理、好些話,沒法子和你太太說清楚?」

「是這樣,不是我不說,也不是我沒說清楚。而是……而是在我說的時候,她根本沒想進去。」

「有可能是她沒聽清楚,但是也有可能是你沒說清楚,因爲你有顧忌,所以說不清楚,譬如說你怕吵起來影響孩子們,影響鄰居。」

「就是這樣。」

這位家庭協談中心的主任，不愧是專家，料事深入切中肯綮。面對著他玳瑁鏡片後隱約透視的眼光，師義有一種被審問沮喪的感覺，本能地想著要爲自己辯護，話到口頭又給嚥了回去。何必呢？反正是絕不再期望和好的，有理和沒理又有什麼好爭？來此的目的只是想藉外力之助好好辦理分手，這位主任，他要怎麼想，怎麼做都可以，就是不必也不能再爲復合的事徒勞無功了。隨便他怎麼樣，我田師義就只有一句話——離婚——。其他的，疲勞厭倦痛苦得連想想的興趣都沒有了，連想都不想那還有什麼好說的。師義自覺有著一種迫不及待獲得解決的興奮，雖然同時又分明感覺到，在這種興奮的底層仍有著惶惑與惘然，但他已決意不去分析。就這樣快快了結一了百了，離婚分手，破壞之後才有新建，就算新建困難重重也絕不怕，決心用全付心力去迎接去擁抱去克服！奇怪的是這位主任突然冒出的一句：

「你們要去旅行一次。」

「什麼？」

「由我們安排你們夫婦去旅行一次，旅行回來就辦離婚手續。」

「不必要吧！」

「有必要，離婚的細節，譬如孩子、財產等等的處理，都要由你們自己商量決定，在旅行的時候商量最好。何況……這麼久的婚姻關係，就算是分手的臨別紀念吧！」

「我覺得很彆扭。」

「不會啦！在我們這裏協議離婚的都這樣的。」

「好吧！那……洪貝麗那方面……？」

「你放心，你太太那面由我們去通知她，她一定會合作的。」

(二)

荒唐，感覺上像是一場夢，或者說是糊里糊塗地被誘進了一場嘲弄。參加這旅行團，不是一般的旅行，而是登山露營隊。男男女女的一大車，還帶著有帳篷炊具，雖說登的不是什麼絕巔高山，但對師義和貝麗來說，仍是從未有過的事，上車後一直在想著這事古怪。都是一對對並排坐著有說有笑的，師義和貝麗在人前還得裝假僵僵地並坐在一起說不出話來。偏偏那些夫婦們不時送來團隊的友情：「田太太，這是你們的點心。」「田先生，每一對夫婦共吃一個梨，這一個是你們的。」師義和貝麗苦笑著適應這些親切，師義在想，什麼田太太田先生苦太太才對。分梨倒是挺適合象徵意義的，分梨者分離也，剖開這梨一人一半，原是夫婦一體的關係就這樣分開了！分開，永不能再合的分開，有誰看過剖分的梨還能合一？絕對不行，就如破鏡不能重圓，覆水不能重收一樣。

眞不知道貝麗她怎麼會同意來這一趟的？一直警惕著不去看她，師義禁不住去她眼光裏找尋答案。嘿！這倒好，貝麗正也在瞪他。想必是同樣沒吐出來的質問：「這是怎麼回事？」師義聳聳肩答她一個無奈。車子正在開動，有什麼辦法？現在再下車，太晚了，任何藉口都必然會顯示突兀，在人群中就是不能突兀，尤其是有心事的，不快樂也得裝著快樂，否則一下子底掀出來實在難堪。人——就是必須要活在群中，重視別人的，不能不戴面具，要防著那一個眼光，一句話，隨時都會戳過來的傷害。唉！活得眞累，算了！既來之則安之，反正只要兩人彼此知道不是對方故意設計的就好。婚一定得離，就算被嘲弄假扮成甜甜蜜蜜的一對，戲演完了還是得離，放心！這一次是任誰都不許賴也絕不會賴的。

大夥兒正商量著露營的事，計畫是一對一個帳篷。師義本能地擔心，這怎麼行！一對辦離婚的夫婦在一個帳篷裏過夜，既彆扭又窩囊。不行不行，萬萬不行！瞄一瞄貝麗，緊皺著眉，想心裏也是在擔心著這個。不行！這團隊裏總該還有單身的男女吧！只要一對未婚的就行，和他們打交道去，男配男女配女。找找看，前面那一對不是，跟著的幾排也都不像，那邊也沒有。糟透！都怪自己大意沒問清楚，這下可好，怎麼辦？總不能當著衆人的面把實情抖出來吧。不！必要時也只好說，唉！這要怎麼說，眞難辦。有了！天無絕人之路，那位司機總該是個單身吧！他沒有太太在這裏，不會睡帳篷，他是睡車廂的。好！我田師義就陪他睡車廂。有什麼理？當然有！睡不慣帳篷，在車廂裏打盹倒反而好，另一種的擇蓆之症，這總該可以吧！

車停在溪澗邊的露營區，領隊宣佈分組進山，下午五點回程，各組對錶出發。師義貝麗這一組八個人，四男四女，姓王的組長說好不走多遠，剛爬過一座丘陵，一回頭，奇怪，後面的兩對都不見了。趕緊和貝麗追上前面的組長，組長笑笑說沒關係的，一定就在附近，等會兒一吹哨子就會出現。帶著三個組員進樹林去，教導著辨認野菌，有毒的無毒的，轉出林來又穿進林去，一連好幾座。貝麗她有點累，找塊石頭坐下來，師義只好也跟著她停下，心想正好她跟談明白晚上住的問題。

是貝麗先開口的，談的是分手的原則，孩子歸師義，房產的分配……都是談過了多次的，沒什麼爭執，兩人都很有風度，容易解決。跟著師義提起晚上的事：

「妳睡帳篷，我去車廂睡。」

「不！我去車廂！」

「什麼？妳忘了，司機是睡車廂的。」

「那有什麼關係，車廂大得很。」

「妳不怕人家笑話？」

「等一下回去我自己會宣佈，我是單身的，和你沒有關係，我要怎麼樣就怎麼樣，不需要你來關心我，你不但沒有這個義務，也沒有這個權利！」

「請妳弄清楚，在離婚手續辦妥以前，妳還是田太太！」

「我姓洪，田字跟我沒有一點關係。」

知道她是故意的，氣得師義想要破口大罵，想想驚動別人不好，忍下來，跑過去找組長那一對。

奇怪！組長那一對也不見了。

（三）

「王先生，王組長……。」

林子裏好靜，一面找一面喊，喊了一陣，沒應聲，聽到的只是蟬嘶鳥叫和自己的喊聲，師義開始感覺到有點怯意。林子裏穿行了一陣，前面忽然有人影一閃：

「王先生！」

「是我！」

是貝麗冷冷的應聲，師義有點氣餒，問她：

「妳聽到哨音沒有？」

「沒有！」

「奇怪！這是怎麼回事？」

「這姓王的也眞是，組長是怎麼當的。」

「哨子只有他有，他說過用哨音連絡的。」

「我們怎麼辦？」

看得出她的怯意，師義反倒只好隱藏起疑慮，安慰她說：

「不在這林子裏，一定是出去了，我們去找！」

出來林找，仍是靜悄悄的不見人影，喊了一陣也沒應聲。兩人商議著循原路，走一面走一面呼喚，注意聽哨音。走了一陣穿過座座似曾相識的樹林，出來後弄不清方位。只怪兩人都心神不屬，只顧跟著組長走，根本不曾注意；同時這山區的一座座樹林都差不多。現在記憶十分模糊，一左一右的兩座林子，看起來都像熟悉又卻很陌生。

師義記得該是右邊的一座，而貝麗卻堅持應該是左邊的一座，因爲她記得組長曾在林子裏指導採野菌的。師義冷冷地指出她的錯誤，野菌不算什麼，這一帶山區任何一座樹林裏都有。貝麗不服，堅持她的意見，師義懶得和她爭，就照她的。想著這莫非是已成的習慣：只要是她堅持的，不管有理沒理，最後自己總是委屈順應。就只是這道理嗎？不！還有其他的。師義感覺到自己的心態裏有著幸災樂禍的成份，明知她是錯的，就讓她錯下去，最好能有一次叫她明白錯誤、後悔的機會。對！主要的就是要叫她後悔，即使自己受她連累也值得。

穿出樹林，果然不是期望中的丘陵，仍是鬱鬱蒼蒼的一座座樹木。貝麗一直跟在後面嘮叨：怪師義不注意記路，一定是帶錯了方向；怪他不負責，結婚以來一直都沒負過責，從來沒使她有安全感……剛才對方位的爭執她似乎立刻就忘了，照著她堅持的方向走，走錯了，她居然不知檢討而只顧責怪對方。任誰也受不了她這種特性。師義突然站住，回過頭來，向著她大吼一聲：

「住嘴！」

像是結婚十多年來的悒積都在這一下吐聲開聲裏迸發出來，不但怔住了貝麗，連師義自己也感到驚詫，從來不曾如此大聲對她吼過，現在總算是做到了。隱隱覺得有一份快意，多虧這環境，這沒有他人的靜寂山區，這一大聲只是驚得雀鳥飛竄，並沒有什麼人際的顧慮。

在接觸到她詫然怨恨的眼光一瞥之後，師義就已決定，絕不能再順著她聽她的，否則眞可能因錯誤而導致危險。看錶，糟！都快六點了，山區裏的陽光正逐漸暗淡下去。趕緊改弦易轍，認定右邊的樹林穿進去。不回頭看她，但關心仍在，聽得到她在後面喘著氣追上來，不理她，師義只顧向右，向前奔跑，希望一出林就能看到那片丘陵，出來！師義的心陡地一沉，沒有什麼丘陵，仍還是樹林，一排排永遠穿行不完的樹林。師義只停了兩三秒鐘，跟著又再向右穿進一座。

「慢一點，等等我……。」

貝麗在後面喊叫，不理她。陽光漸淡，林子裏暗黑漸濃，師義的焦慮恐慌漸烈。看來眞是迷失了，若是再找不到丘陵，那怎麼辦？就算大隊會來尋救，但這一夜，荒山暗林裏，誰能擔保沒有危險？快跑，跑出去再說！奔出去，嘩！好了！眼前一片空曠，果然是丘陵，翻過丘陵就是露營的溪邊。師義的心頭一寬，趕緊奔上丘陵，高處向下一看，那感覺有如胸前被一塊大石頭撞了一下！

沒有溪流、沒有車，更沒有人。丘陵之下，四周都是陰陰綠綠的樹木。師義怔立著，被巨大的失望與惶恐罩密……。

身後傳來一聲尖叫，回頭看，貝麗指著坡下，她的背包正骨碌碌向下滾。不行！背包丟不得，丟了這一晚更不好過。師義本能地下去拾取，腳下一滑，登山鋤杖丟了，坡度太大，下滾之勢竟然止不住……。

他沒叫，很理智地想著即使叫也沒用，不能死，也不能重傷，必須冷靜應付。奮力運轉身子，向側面方向翻滾，有一處凹地就在不遠，但願能止得住。好了！總算是滾進凹地被擋住了，小腿上一陣痛，擦到了岩石。好累！有點昏沉，貝麗她怎麼樣了？唉！顧不得了！眞想不到會有這樣的意外，怎麼辦？不能想，想也沒用，不！不能不想，已經落到這種地步，是男子就得保護女子，貝麗不能不管，家裏還有孩子。唉！必須掙扎，保持清醒，想辦法，眞累，口渴得厲害，頭腦裏一片昏昏沉沉的。

(四)

「師義……師義……」

貝麗在上面喚著他，師義感覺到她的聲音一聲比一聲更清晰更焦急，剛聽到時彷彿只是一縷微弱，可能剛才是有過一陣子瀕於昏迷……意識恢復過來，凝聚著，師義先蠕動了一下，給上面的貝麗一個訊號，告訴她自己沒死。掙扎著坐起來，看上面，貝麗的臉有點模糊，是太遠，還是暈眩？不！一定是暮色漸濃，時間不多了，禁不住的一股惶急……。

「師義……」貝麗的聲音裏有著驚喜，知道她正在注視著自己，怪她爲什麼不下來。還記得那回撞車，把她給嚇壞了。師義享受著她的照料，畸形地反覺得很平安、舒適，總算看到了她情急的一面，享受到平日裏不曾有過的，肉體的痛楚在與精神的愉悅比較之後，顯得很平常。難道意識裏眞有著倚靠她的成份？還是平日裏得不到溫柔平衡？……窖藏著的渴望溫柔此番又穿透時空轉來，盼著她下來，又啞然驚覺到這份企求的過份，她確是下不來，不是不願而是不能。只是如此嗎？有種人是明知危險也會不顧一切去做的，我田師義就是這一種，不然剛才就不會冒險拾那背包了。若是易地而處，換了她滾下山坡，自己一定會毫不考慮地下來救她。那是一種責任，一種意義……貝麗她不這樣做，雖然有她冷靜考慮的長處，但在人情方面來說，尤其是夫婦，師義覺得很不是滋味。

貝麗的背包和自己的鋤杖都找不到了，一股委屈使師義想著要乾脆再滾下去，選擇坡底那處暗黑死掉算了，想想又譴責自己不該如此自暴自棄。掙扎著站起來，手腳並用地慢慢爬上丘陵來。小腿上擦破了一塊，還在流血。解下背包，坐下來用急救包包紮。貝麗一直在看著，居然也不過來協助，反而教訓他說：

「傷口要先用水洗洗的。」

「妳懂什麼？」又被師義逮著了她的錯誤，搖搖水壺：「喏！就只有這半壺水！」

「現在要怎麼辦？」看到她的赧然，師義覺得快意，冷冷地還她一句：

「我怎麼知道！」

「走呀！快走呀！」

「走到那裏去？」

「當然是去找他們，去找露營的地點呀！」

顯然她還沒警覺到時間已晚，師義明白，若是告訴她，準又是一場爭論，那是她永遠自以爲是的特性。懶得跟她去辯，不理她，站起來四面張望。貝麗在後面問他：

「你在找什麼？」

「找地方準備過夜。」

「那你是不想走的了！」

「對！」

「你不走，我走！」

「請便！」

貝麗果然扭頭就走。師義禁不住擔心，天色已暗，荒山野地的黑夜裏，走不了多遠準保出事，或死或傷，那後果……眞想叫她回來，或是追上去拉她，想想又忍住了。還是這麼多年一直寵著她、順著她的習慣，一定不能再姑息她，今晚上面對這種危難，她居然還任意不改。不管她！一定得堅持自己的理性，沒有義務一定要陪著她去犯錯，冒險送死，危難中，人人都該理性自衛，是她的任性不合作，不能怪自己無情。

找到了一處可以避風的小山坳，師義匆匆收集些枯枝，先生起個火來。檢查背包，一人份的裝備都全，還有一支小電筒。不禁又掛念起貝麗來了，丟了背包，什麼裝備都沒有，居然敢走。她倒低是仗著什麼？是她任性剛烈的堅毅？還是相信丈夫一定會尋來追來的嬌蠻？唉！天生男女有別，是女人就該有溫柔的特性，偏偏貝麗就沒有，落到這種危機四伏的荒山黑夜，居然還會使性賭氣。唉！她走了多久了？走了多遠了？會不會踩到一條蛇？還是已經跌倒？沒聽見她的叫聲，難道她眞能越走越遠？就這樣眞的永遠與丈夫分離？而師義又很能有自信地了解她只是外強中乾，不但有體力就是心智上也是如此。難道她也和自己一樣，跌倒了翻滾下去卻能忍著不叫出聲來？師義不禁關心惻然，不行！還是去找她吧！小電筒四面一繞，不遠處站著個黑影，不是樹，是她！

揿熄電筒再去拾取燃料，師義暗地裏噓出一口大氣，不理她！不罵她、不諷刺她就算是寬厚的了，可眞不必再去呵護著她。

貝麗默默地過來火堆旁坐下，拿起他的水壺喝了幾口，找出乾糧來吃，一直怔怔地望著師義在忙碌地收集燃料，枯枝沒有了，師義取出小斧去砍灌木，貝麗也不來幫忙。火光裏看到她支著頭在想，想著想著哭了起來，起初是嚶嚶的低泣，漸漸揚起爲嚎哭，夾著些聽不清楚的詈罵。看到師義不理，她止住哭，站起來高聲大罵：罵師義沒有風度、自私、欺騙，對家庭不負責、對愛情不忠實，使她受盡了委屈。直到現在要分手了還對她虐待，連乾糧、飲水、電筒都不分給她，故意讓她去孤身冒險，存心想要報復，要她死，她死了師義才會痛快。存心卑劣無恥，任爲一個男人，枉爲一個人，簡直就是禽獸，連禽獸都不如……。

看她越罵越起勁，眞像是她絕對有理的樣子，師義決心要好好教訓她一頓，站起來一點一點反駁：指出她性格缺點的癥結在剛烈任性、多疑善妒，而且自以爲是，永遠不肯替對方設身處地想一想。雞毛蒜皮的小事看得天大，愛情生活裏明明沒事偏要疑神疑鬼，專往壞處想，家庭生活永不滿足，吹毛求疵只認爲不負責不盡責，冷戰熱戰惡性循環越演越烈迫得非分手不可，到了這種山窮水盡地頭還不肯檢討。就拿這次的事來說，說要和男司機同睡一個車廂，明知是絕做不到的，說出來只是沒意義的賭氣。任性固執已經造成了迷途的危機，還不肯尊重合作，明知荒山野地黑夜裏寸步難行，偏要倔強一意孤行。如此的德性不肯檢討，任誰也受不了，枉爲女人而沒有女人溫柔的本質，任性而爲只顧自己不顧別人，那才眞叫做卑劣，眞正地枉爲一個智識份子，一個人……。

和往常一樣，師義每說一句貝麗就頂一句，情況不同的是這次師義越說越大聲，聲色俱厲確實收到了前所未有的效果。貝麗佔不到上風，竟然變本加厲，拾起一根正燃著的樹枝向師義衝過來！

「好！你侮辱我，我跟你拚……」

師義冷靜地注視著她，等她衝近，奪下樹枝，重重地摑她一拳，貝麗一個踉蹌，摀著臉，咬牙切齒地直衝上來，伸手來揪師義，被師義一推，跌倒在地，爬起來直撲。師義決心要她知道，以前好幾次扭打都是自己存心讓她不曾當眞用力，現在在這荒山野地，再沒有家人鄰居的顧忌，決心要好好教訓她一次，叫她領教到這丈夫是個名副其實的男子而不是什麼歪種，一定要教她明白一些以前所不懂的。師義不再閃避，就讓她揪住自己搥打，貝麗像是一頭雌豹，拉住師義的手臂張口就咬，師義一用力就把她掙脫，跟著發狠地向她身上一陣猛摑，打得她連連倒退，捧著臉坐倒地上不再還手。

篝火已快熄滅，師義回來加上燃料，貝麗坐在那邊不動，隱隱可見她的雙肩聳動，是在抽泣。不理她！師義從背包裏拿出毛毯來丟給她。喝了點水，山地裏夜風很大，還好有火，堆上些較粗的灌木，讓它慢慢燒。師義覺得很累，是心力交瘁，如果累的不只是體力更是精神上的焦慮與失望。惟一的毛毯給了貝麗，很冷，只好把領扣扣上，蜷縮著在火旁躺下來。迷糊了一陣，驀然驚覺，火光裏，貝麗赫然出現在身邊，高舉著那柄小斧就要劈下……。

師義本能地想要閃避，但立刻萬念俱灰，想著人生如此痛苦，還不如死了算了，如果殺了自己她能夠快意，那也好！就讓她砍下來吧！師義索性閉起眼睛，等待那結束的一刻……。

(五)

那一斧，沒砍下來……。

貝麗直立的身子緩緩地矮了下去，感覺得到她是跪了下來，仍拿著那柄小斧，用斧頭拄著地。她在注視著師義，師義沒有動，微微睜開眼來看她，她的眼裏有光的閃爍，不知是不是淚水？好一會聽到她的一聲低喟，站起來加添了一些燃料，悄悄地走開去，窸窣一陣，抖開毛毯裏著睡了下來。

師義的思潮起伏，自問著若是她一斧頭眞的劈下來，是本能滾開躲避還是帖然受死？不知道！也許要到斧頭砍下來的那一剎那才能確定？自己這樣做究竟是爲了什麼？眞的是厭倦了一切想要解脫？還是爲著要測驗什麼而甘冒危險？好像是兩者都有，貝麗知不知道？這一動不動的男子其實是在裝睡。還有她爲什麼不砍下來？是學養教導她不可行兇殺人？還是怕難逃法網？還是想到了現實的顧忌，殺了這男子之後，在這荒山黑夜對她更爲不利？還是怕她自己力量不夠，砍不死人砍成重傷，血的恐怖會使她受不了？還是她畢竟想通了一些什麼，由她的歎息和添加燃料看來，像是有一些轉變。

好冷，睡不著，篝火又小下去了，師義起來加兩根灌木，山風凜冽，衣衫單薄，冷得他直打哆嗦。水份多的灌木初燒時吱吱作響，好一陣子火才旺起來，總算是暖和了一點。

那旁的貝麗突然跳起，尖叫著奔過來，師義站起來，還沒來得及問，就被她一把抱住。

「怎麼回事？」

「有……有東西咬我！」

師義最擔心的是蛇，若是蛇咬，先得找到看看是不是毒蛇？趕緊拿著火把過去找，料開毛毯，還好，沒有蛇，周圍一照，發現有些小甲蟲在蠕動，回到火堆旁來告訴她：

「不是蛇，可能是小蟲，妳最好脫下衣服來抖一抖。」

總算她還聽話，脫下上衣來一抖，果然抖下兩隻小蟲，解下奶罩，又抖出一隻，嚇得她只好再脫下長褲來抖。師義加大篝火，背包裏找出藥膏，叫她在蟲咬處搽，她做了。背上的一處她不方便，師義只好接過藥膏來替她塗，貝麗象牙般的胴體呈現在眼前，火光照著她肢體渾圓堅實的影子，背上搽藥偶或有點微痛，引起的悸顫，影子映現她胸前彈性的抖動。若是在平日，師義一定會情不自禁去摩娑的，現在竟然已漾不起綺念，不是因爲環境的特殊，而是不願被貝麗認爲又是他在主動求愛，和以往每一次一樣，求愛幾乎就等於是求恕，以至於養成了貝麗「一定能贏」的信念習慣。

在火堆旁清理出一塊地方，叫她睡到火旁來，熱氣或許可以防蟲，叫她用毛毯裹緊，貝麗一直在點頭答應，用她那雙明亮的大眼睛望著師義。師義知道她的意思，是想要師義在她身邊。不行！這一次，無論如何都不能再隨隨便便輕輕易易地妥協，看樣子她像是有些轉變，讓她冷靜地再多想想，絕不能再蹈以往虎頭蛇尾，不了了之的覆轍。

師義去那邊，和貝麗隔著個火堆，身上衣服太少，有火也不管用，貝麗的背包丟了影響太大，食物飲水還在其次，多一條毛毯這一夜就可以挨得過了。也許眞該去和貝麗合蓋一條的！不！絕對不能！如果那樣就是變相的求和求恕，不行！我田師義已經委屈得太久了。這一次無論如何都得堅持，那怕凍死也在所不辭……坐在火堆旁加火，看火堆那邊的貝麗，緊裹著毛毯像是睡得很熟，她有沒有想到單衣者的寒冷？算了！忍著點，明天，明天總能夠出山返回城市的，離婚手續辦好各自東西，新的艱難挑戰正等在前面，孩子還小，責任未了，何況自己也只不過中年，未來的日子也不見得全然無望。

已經是半夜了吧！很困倦，忍著冷，蜷伏著躺一下。有一陣子的迷糊，意識裏還記得冷。奇異的夢境，一床綿被輕輕柔柔地罩下來，好溫暖，不冷了！奇怪！是誰溫軟的胴體依偎擁抱在懷，像是在新婚蜜月裏的床上，抱著的是嬌美的貝麗……。

不是夢，貝麗細微的呼吸就在面前，她挺直的鼻端接觸到頰上，師義感覺到那付菱形的唇在摩擦他的髭鬚，跟著就埋下來和他微張的唇密合了。

「師義！抱緊我！我好冷！」

不是她冷，冷的是他，總算她開始能爲別人想想了。這樣的說法眞好，總算是她眞的轉變了，聰明的了解了一些而自自然然地有了改進。唉，已往蹉跎誤失得太多，這一直期盼著的可喜的轉變是來得遲了些。不！來了就好！仍能算是及時的吧！師義感覺到一陣從未有過的溫暖，不僅是她柔軟胴體的溫熱，更是她一向都未付出的女性的溫柔，現在放射出來了，向他，只爲他一個，猶如一泓暖洋洋的春水柔波，把他完完全全地浸透……。

當四隻手臂環抱，貝麗送上深吻的時候，師義已能感覺到欣慰的可信，爲過去太多的蹉跎、折磨而鬱結在那一聲歎息，也覺得是多餘的了，篝火雖不很旺，但兩人都能覺得溫暖，也都知道溫暖來自互依的擁抱與內信的互信……。

(十八)

登山露營隊的人，在第二天上午九點鐘找到了失散的一對，王組長指出方位，果然是師義貝麗走錯了方向，遠離組隊有一個多小時的里程。

回到家的第二天晚上，貝麗對師義說：

「我想起你以前說過的那故事來了，叫什麼『合歡寶鏡』的，一對貌合神離的夫妻去找寶鏡，傳說只要被寶鏡一照，怨偶就會變成恩愛夫妻，這對夫妻歷盡艱辛，沒找到什麼寶鏡，可是結果卻眞的和好了。」

「有什麼新的認識嗎？」

「我們也找到了，是不是？師義！」

「但願是吧！」師義忽然想起了一件事：「貝麗，妳會不會覺得這中間有點古怪，那位家庭協談中心的主任……。」

「今早上他來過電話。」

「怎麼說？」

「你猜……」

貝麗微笑著在等，師義沒說出他的猜想，不想再去點明什麼。有著一些溫馨甜蜜，又有著一點疲乏，長期緊張鬆弛下來，猶存著有餘悸警意的張力。不想說話，只是向貝麗一笑，傳送過去的欣慰，也是蓄意要貝麗也能感覺到的疲乏。

曇謝

(一)

「軍師，依你看，她到底是怎麼回事？」

「你是說菇吉？」

「對！」

「山人我早就注意到了，絕不只是生性熱心而已，這後面一定有某些因素，其中必有蹊蹺，嗯！必有蹊蹺！」

「賣什麼玄虛嘛！」

「胡說！雄馬你身爲鐵三角的一員，豈可對我軍師如此不敬。山人當然已有多種假設，只是……只是……」

「只是尙在斟酌，還沒下結論。」

「對！知我者，小林也。」軍師對著小林會意一笑。

「沒有一個家庭婦女會像她樣的！」雄馬的分析功能比他粗線條體魄來得精細。「根據調查，營隊裏的女的，就她一個從來不提家裏如何如何，連電話都不打！」

雄馬沒說錯，營隊裏女的佔了一半多，那些大一的新鮮人剛來就開始想家，女舍裏晨間內務檢查發現淚濕衾枕，簡直是長不大奶娃子的鮮事。女老師們多數是以穿花蝴蝶之姿出現，計程車等著一下課就走，就連那個阿巴桑祖母作家也不例外，學員們追著問問題，看得出她在敷衍，背後罵她不負責。

當然也包括男老師在內，如此這般有點故抬身價炫示忙碌重要是眞的；更大的原因：男的多半是有事，女的都是爲了家。學員裏有些三八做老師的身家調查：男老師們比較淡，笑笑說：「平凡得很，有太太，有子女……」問到女老師，哈！廣告時間開始：「我先生呀！他嘛……」

「我家的那口子呀……」「我那個老么呀，皮透囉，我最頭疼的就是這個小不點……」忍不住的那份得意，像是被搔到癢處翹起尾巴的貓。

菇吉確是唯一的例外，小林記得很清楚：那一次有人問到她的家庭，她說她是爲人婦，爲人母者，沒有廣告，沒有喜色，甚至可以察覺她不願多談。

（二）

×大電機系三年級核心人物，鐵三角資料：

牢頭朱丕亮：外號諸不亮，人稱軍師，現任班代，系會理事長。

文丞林乃昌：人稱小林，寫作協會會長，詩社社長，系會學藝股。

武將馬國雄：外號雄馬，登山社社長，校隊正選中鋒，本班康樂股。

早在鐵三角參加這營隊之前，就已商定了軍國大計，第一是根據理性感性調和的原則，要認眞學點文藝什麼的來中和中和理工的枯淡。第二嘛，一定要戀它一次愛，軍師說得不錯：

「咱們哥兒三人都大三啦，行將畢業，馬齒徒增，這一項必修學分，蹉跎著一直沒修，不僅窩囊而且嚴重不平衡，悲夫！」

是雄馬這包打聽得來的消息！這一營隊完全符合鐵三角的意願，不但文藝，更妙的是陰盛陽衰。報到之後軍師大樂，誇下海口：

「群雌粥粥，群雌粥粥，老夫這番若是不釣她一個，兄弟們！老夫以後就改名自稱悲夫！嘿！看我的手段！」

雄馬更是狂妄得不像話，又是根據他冷眼觀察，四十二個男生之中多數是「不夠看」的，不夠當情敵的資格，敵我情勢實力相差懸殊。男性陣營中就數咱們鐵三角是頂兒尖兒，出身經歷樣樣占先，文有文才武有武才。一兩天裏脫穎而出贏得衆多秋波青睞絕無問題，意料中事指時可待。使雄馬擔心的是很可能女孩們的焦點都在他，六十六個，不！當然要留兩個給小林和軍師，老朋友嘛，不好意思獨吃，願車馬女友與朋友分。六十四寵愛集於他雄馬一匹，他決定照單全收，三宮六院九嬪二十七世婦……這小子眞的動手來斟酌排名封號了。

軍師一向是謀定而後動的，探明虛實之後，當晚鐵三角會商，決定爭取表現位置，分頭進攻路線。第二天攻擊令下達，軍師以他出色的口才、具體的主張，謙遜的風度贏得最多選票，當選營隊隊長。雄馬憑他的驃悍外型，加上自吹自擂的各種雜耍技術，當選康樂。小林呢？幸不辱命當選爲學藝組，費力不多，只把他的塗鴉剪貼本向大家揚了揚，加上軍師的助選：「小林嘛！他是明日之星，大作家，有潘安之貌，宋玉之才，天下之才一石，小林獨占八斗。」就這樣，鐵三角旗開得勝，完全符合預定計劃，囊括了營隊三項重要任務。

接下來的選舉，鐵三角的提名發生效用，早經內定的三朵花被挑了出來，胡麗卿被選爲副隊長，呂愛玲是副康樂，辛會美是副學藝。進行順利，只是出了兩項小岔：一項是各組都是一男一女，「配對」太明顯，不夠含蓄優美，難以杜三八酸葡萄等的悠悠之口。另一項是軍師豬隊長，把副隊長的芳名唸成狐狸精，哄堂大笑之下，那朵花生了氣，使刁性子不幹，虧得輔導員及時出馬解圍，否則，這頭小狐勢必不能長伴豬旁，不知花落誰家？差一點老夫眞要改名悲夫了。

三朵花都不錯，就只是愛玲有點多話。軍師和小林安慰雄馬，她既是多一張口，話多點也是難怪。雄馬不甘心，還想另謀發展，一方面這小妞釘得緊；另一方面配對明顯，女性同業公會規章不奪人之好，雄馬動彈不得，也只好認了。

呂愛玲最崇拜菇吉：第一次上她的課，就怕有人因專修戀愛而蹺課，一遍遍義務宣傳：「大家注意，菇吉老師的課，最精采的，保證客滿，早早選座，以免向隅呵！」站在教室門口數人頭，硬逼著雄馬會同鐵三角死黨到處去搜捕，把一對對鴛鴦都趕進來。直到場裏全部座無虛席，菇吉上了台，雄馬領頭唱歡迎歌，她才放下心來。教室後門旁的兩個座位，是她爲自己和雄馬預留的憲警座，地勢衝要，一對當關百夫莫開，誰也甭想溜！

菇吉實在也不負衆望，不用麥克風的聲音自然清亮，客滿再加站票，她像是有點滿意高興，講起來分外精采。這一堂是講作家與作品，揭示天地不全，人無十全，人爲的文學也絕無十全之理。一流作家能有特殊的自得突破建樹，有賴於他異於常人的生命動力，而強大的創作驅迫之力，常就是作家生活中的霉暗孤寂痛苦……她舉例：如李賀的性冷自憐，元稹顧此失彼的蹉跎感傷，愛倫坡的流浪病弱，傑克倫敦的家庭失和……。

她的語辭精鍊優美，清朗的聲音時有變化，或是昂揚或是委婉，加上她時而凝重時而朗霽的表情，自然揮灑的手勢，構成爲一面藝術之網，將癡醉的百多頭年輕的聽衆悉數網羅。

隊長軍師悄悄在一角瀏覽，全場都在聚精會神瞪著看菇吉。少數還能顧得到筆記，大半太專注的簡直就忘了，女孩們多數做作，胡麗卿一直在扭她的花手帕，呂愛玲最妙，一直在咬著她自己的手指。

一下課，轟然的掌聲之後，佳譽一大片揚起：

「名不虛傳，眞的不賴！」

「聽說有一些人就是衝著她才來參加的。」

「你們猜人家叫她做什麼？」

「什麼？」

「聽人家說的，她是魔音。」

「不對不對！應該是觀音，千手觀音！」

「她的課多不多？」

「大概不少吧！她是六個駐營教師之一。」

「還有比她更棒的嗎？」

「也許有差不多的，但觀音畢竟是觀音，想贏她嘛談何容易，除非再一位如來！」

「老師們也不能全都棒，一定也要有幾個菜的。」

「對呀！到忘了還有戀愛學分要修，花前月下，時間不夠，少不得要蹺他幾堂。」

(三)

第一次分組夜談，菇吉主持的這一組一支獨秀，分配到別組的紛紛投效，軍師和小林約束不住，急得直跳，生怕掃了別組主持人的面子。還好原定的幾位老師都沒來，輔導員樂得輕鬆，也來加入菇吉這一組。六組大集合，雄馬說這是六國統一，菇吉她是個雄才大略的女王。

星空之下，階前一片暗黑，階上的菇吉穿著一襲純白的寬袍，黑髮鬆鬆挽成一個高髻，脂粉不施，全無裝飾，只在髻上用一個小小髮環，有一點銀鑽在夜黑裏閃耀。小林靠她較近，晚風輕拂，嗅得到她沐浴之後的體香。感覺到她這一襲白袍燁采與王冠上的一點銀亮，已能使群星失色，在暗夜裏顯示她的存在，階上的女王法相莊嚴，統馭著她階下環坐的臣民。

夜談是以菇吉爲中心的發問解答，菇吉說這是公審，她很願意接受這種挑戰的刺戟。一個個發問，一項項解答，發問的內容很廣，驚訝她都能以獨到精闢的見解來滿足大衆。有人替她端來飲料，她偶而啜飲，點一支煙，暗黑之中的一點星火，煙縷裊繞使她的白衣法相蒙上一份迷離，而詩句般亦莊亦諧，有剛有柔的語句，就從那一層迷離裏傳出來扣響聽衆們的和弦。

有人問她，一個傻問題：

「老師，妳的話就像詩句般的精美，請問妳是怎樣練成的？還有，妳讓大家隨便發問，請問妳有沒有過不會或不能答覆的經驗？」

「思想、語言、文學本是有距離的。」菇吉說：「只是我們應該有能力去連接它們。想得到的就能大致說出來，說出來的就要能有修飾。我們既然能把文字作佳妙的排列組合，對於駕駛語言又爲何不能？」

「可是，在寫的時候能有從容的時間去考慮；說話的時間，沒時間讓你去多想，多修飾呀！」

「說得對！但不無撒賴逃避的嫌疑。」菇吉的批評很鋒利：「這只是做與不做的問題，而不是能與不能的問題。一次次磨鍊要求自己，哪怕它不會進步！多年的媳婦熬成婆，人的才智差異有限，懸差的區別是在於做與不做，用力的勤持與鬆懈；」

「……」

「問到我有沒有碰到過難題，當然有，有時是我不會；有時是記得不清楚的模糊。我的原則是絕不逃避，絕不用似是而非的搪塞來亂唬人。我會很慶幸，感謝問者給我進修鞭策的機會，坦白地告訴他以後再連絡解答。然後，找資料，思考了解，那是我自己的事……。」

又談到生命意義，菇吉舉蟬蛻爲例：那蟬，釘牢在樹桿之上，忍受著寸寸分分撕裂的痛苦，終於牠褪去了舊殼，以嶄新之姿飛上高枝，作更響亮的嘶鳴。生命的價值就在此了，人生應該要有多次的蟬蛻，若是不能有新姿交代自己，數十年短暫的存在有何意義？

可是，誰能了解蟬蛻時無言的痛苦？多數人都不能決志如此，是以世上凡庸者永如恒河沙數。那！本就是人性中慣性逃避的原型。

從蟬蛻談到曇花，開放常在深夜，那是她明知知己太少，就要在塵囂俱靜的岑寂中夜，悄然開放來晤對一些心儀於她而甘願不寐的人。對著知己顯示她絕世的美與清香，然後就在知己者瞿然的注視之下萎謝……人生的美感就在於不得和爭取尋常的過程。短就是美，因爲她短得來不及改變；也由於明知短促的珍憐，使得美感在意念裏凝鑄恒長了。生命裏的苦樂原是相生的一體兩面，要有多少痛苦才能凝聚成一點快樂，當快樂的感覺昇浮顯現，即使是片刻也就該滿足了，有過總比沒有要好。

菇吉的理念透過感性淋漓發揮，停了一下，當大家還都在沉溺之中，辛會美忽然冒問一句：

「老師！就在現在，就在這一刻，妳是不是能有一點快樂？」

「是有一點，或許是由於我察覺到你們的了解，在我比較充份的付出之後能有你們的回饋。我……是有一點破例的，少有的快樂。」

「妳眞的是不常快樂嗎？」

「我不能說謊，確是如此！」

靠在軍師身旁的胡麗卿悄聲提醒：

「我們要注意保護她，不能使她受到傷害。」

看到胡麗卿眼裏的瑩然，軍師點點頭，正要設法來岔開話題，來不及了，辛會美的問題又已出口：

「老師！妳是否感覺到在獲得回饋而稍有快樂的同時，妳！是不是也會感到自憐？」

下面的話因小林的警告而中止，軍師和胡麗卿都站了起來，箭鏃已發，收不回來，就只能緊張地注視階上。

菇吉指問的星火已熄，裊繞的藩籬盡撤，看到她雙眼裏的迷濛，聽到她中箭之後無奈的自白：

「我……不但自憐……而且……感傷……。」

(四)

軍師下令：

「大家要注意說話，絕不能再刺戟她！」

「她的癥結在不平衡！」雄馬說：「從別的老師和輔導員那裏得來的資料，原因是出生在家庭。」

「先生有外遇？」

「不！大概是性格不合。」

「我就是要幫助她。」辛會美在爲自己申辯：「讓她知道有不少個知己，她大可不必如此地自憐感傷？」

而軍師卻另有看法：

「不行啦！我們只能給她一些快樂，我們……對她來說，都只是雪泥鴻爪，不是和她生活在一個屋簷下的，沒用！」

「對！辛會美，妳要是她丈夫才行！」

「她爲什麼不乾脆離掉，重新來過。」

「是呀！以她如此優良的條件，不怕找不到。」

「她還不老，最多四十。」

「望之如三十許人，一定還可以再開始的。」

「她能指導我們，爲什麼就偏偏不能解決自己的問題？」

「依我看，這可能是她的蹉跎因循，到現在時不我與，已經太遲……」是軍師語重心長的估計。

一連兩晚的夜談，菇吉睡得很晚，第四天上午她沒課正好休息，下午去海邊游泳，她答應和大家同去。

她很開放，穿一件紅白相間的碎花三點式，長髮還是梳成高高的堆髻。沙攤上，陽光下，她顯然是這一營隊中最成熟的女性。除了腹部稍突之外，她白皙豐滿的胴體仍然保持著優美的曲線。圓形的臉並不顯得平板，那是歸功於她的眼與唇，她的眼睛像是兩泓湛深的湖，唇弧下彎，雖然容易讓人以爲她睥睨驕傲，但軍師卻指出這正是美女的特徵，自信以外有著點動人的楚楚。

年輕的一伙纏著她照相，一批又一批，照完了，雄馬吹一聲哨，下海，三朵花伴著菇吉一齊下去，雄馬押住陣腳。原以爲她不一定會游，到了深處，看她泅泳得十分熟練，這才放心去照顧一些年輕大一的小不點。

菇吉游了沒多久就上來，說是忘了擦油，岸上的蓬帳之下，小林替她抹油。她很坦然地接受服務；頸上、背上抹過之後，菇吉很自然地伸直了腿，小林繼續。胸部和臉上還沒有，小林有點踟躇問她；

「臉上要不要？」

菇吉笑著說；

「好！還是你來服務，按摩師；」

看到她大眼睛裏閃動著的挑戰，小林本能地想要叫個女生來代工，偏偏這時候附近一個女孩都沒有，只坐著兩個男生，一面交談一面微微地盯著這邊。小林知道絕不能找他們來代，否則菇吉一定會察覺自己的膽怯，甚至誤會他這是不願服務。不行：那兩個男生笑得古怪，他們在想什麼？隔岸觀火看我姓林的尷尬出洋相，還是等著欣賞我美色當前的狼狽？

菇吉，她又在想什麼？

把甘油倒在掌中，摩勻了，小心去摩娑菇吉的臉，虔誠地，像對一尊神祇，一位長姊。菇吉閉著眼讓他服務，小林心想這也好，看不到妳的眼，我好坦然些；還有，也免得妳看到我的心虛；臉部抹完，像是在暗示，在等待，她把胸部微微挺起。

菇吉！妳這是為什麼？如果不是挑逗，莫非就是一種遊戲測驗？

小林一急，立刻覺得心跳加速，情不自禁看看左近，那兩個傢伙還在好整以暇地微笑注視，不能示弱，不能逃避！管她是什麼意思，我已經沒有選擇。

她象牙色的胴體充滿彈性，皮膚很細，觸手一種柔滑的感覺。小林極力摒除雜念，警告自己不該胡思亂想。對她一衷心欽敬的連想想都就是褻瀆。這是服務，是她把我當作弟弟，信任地交付她自己，是我林某的榮幸。她既是光明大方，我就絕不該想入非非。

三點泳裝水浸之後緊縮，遮住她胴體的部份很少。塗抹到罩杯邊緣，她的雙乳堅實高聳，乳溝深陷，迫在眼前的兩峰隨著她勻和的呼吸起伏律動。小林的心跳又加速了，不敢看，匆匆抹完，移到下部的一處平原，膚色雪白得刺眼，觸手的柔滑挑逗更烈，小林禁不住爲她抱屈，那做丈夫的實在愚蠢，難怪她自憐……目前這樣看來她不像是無心，是她在向我示意，要我付出？小林感到惶然，匆遽塗抹兩把，不小心又觸到她隆起的邊緣。

趕緊縮手，紅著臉站起來，正要說明只是無意，菇吉卻搶先堵住了他的話，沒事人似的笑著說：

「謝謝你！」

海裏有些人上來，看到帳蓬裏的菇吉，一窩蜂過來圍著她。菇吉解開髮髻，一頭長長的黑瀑瀉下來，像是有點困，坐著的身子忽然往後靠，後面的小林本能地避開，幸好呂愛玲就在旁邊，機警地立刻補進來做了她的依靠。

再度站起來的小林，一眼就看到了軍師充滿譴責的眼光。

(五)

菇吉說她喜歡這營地的早晨，喜歡賴在床上不起來，軍師順著她的意思，建議她把明早的課移來和今晚的座談會合併，菇吉同意。而大伙兒的心理又都一樣，只想多聽她的，早一點聽，那更好。

晚上，讀的是川端康成的美麗與哀愁。她換了件淡綠的寬袍，不再梳髮，就讓一頭黑瀑紛披，輕風裏偶而去撩撩頰旁的絲絲縷縷。雄馬指給呂愛玲看：

「她自己就是美麗與哀愁。」

「我也覺得她說的就是她自己，會不會……」呂愛玲正擔心著。

菇吉分析川端自戕的因素：攀登到文學成就的巔峰，盛名之累，欲罷不能的心智疲勞會是因素之一；另外那就是他內心的孤寂與生活的不平衡了。得不到一份情愛的滋潤來平衡有如高低懸差的蹺蹺板兩端，年事已高，調適的爭取已是時不我與，爲此痛苦無奈，斷然了結以自求解脫。

像是燭火，人們只注意到它光華炫耀的熱與力，可是，有誰能知啖心的冰寒？看來中國的哲理最好，高處不勝寒，愈高愈不平衡，實在是不必去也不能去的，就只能讓它懸掛如高不可掇的明月，掛成理想的帝鄉而永不去妄求實現，它的作用，只是以美好的構圖，爲現實人生的痛苦，提供一種畫餅充饑式的慰安。

有人發問：

「老師鼓勵我們在創作上力爭上游，又爲什麼這樣說呢？」

「我只是在說實話，固然努力追尋必然會有它寸寸分分的獲得，而快樂也即在於爭取過程之中，艱苦付出之後的那一丁點獲得。但是，由於得失互見之理，既有所得必有所失，如果所失的形成爲嚴重的不平衡，那，你就不能不去衡量得失了。」

「如果放棄，那不就是平凡了嗎？」

「每一個人都不該去爲他人立法。」菇吉說：「平凡平淡平實的生活，只要他個人心安理得，我們大家都只能對他尊敬祝福。」

「如果不甘心平凡，而努力追尋的途中又一定有所失落，能不能不去管它？」

「很少有人能做到這地步，患得患失是人性中的原型，我們要求的太多，而能掌握的極少，對於指縫裏漏失的不能顧全的難免悲憤。這——正是人生先天性的沉重悲情之一。」

菇吉的語音，在森然之中已經有一點顫搖，鐵三角和三朵花又開始驚覺想要轉移，不幸的是又有一個冒失鬼射出一支冷箭：

「如果我猜得不錯的話，老師的筆名——菇吉，是不是孤獨寂寞？」

更糟！偏偏鐵三角和三朵花都只能乾焦急。這一箭又準又深，靜夜裏看到階上的菇吉低下頭去。軍師站起來，正要岔開話題，而菇吉卻已經抬起頭來，出奇平靜地說：

「是這樣，不過內心的孤獨寂寞也有它的好處，它能有助於個人心智的強化！」

那傻小子再緊釘一句：

「老師，妳的心智，果然已經強化到可以充份自制了嗎？」

菇吉的強處就是弱點，她不說謊，因此只能裸裎而無法避免傷害：

「我沒有……我……很慚愧！我……只是一個平凡的人！」

軍師趕緊岔開話題，故意問她對水滸傳意識重點的看法。

當晚夜談結束之後，鐵三角和三朵花集會商議，軍師分析說：

「菇吉所說的都有她自己的影子，拿她話中的含義和我們搜集的資料來對照，可以確定的是：她的幼年、少年很坎坷，培養成她努力追尋的決志。據說她曾經當過董事長，十年前轉變，改向文藝……。」

「由立功轉向立言，這是一種勉強。在她的自憐成份裏，一定還有著才智不得伸展的傷感。」辛會美的分析再進一步。

「對，就是這樣，如果婚姻和諧，那也成，不幸的是她丈夫與她性格不合，聽人說是很嚴重，冰炭不容！」

「沙文主義的男人，妒忌太太的成就，獨佔欲太強，誰嫁他誰倒霉，哼！」

「呂愛玲妳說的可能只是因素之一，內情雖然不能全部知道，但是，已經遭到難以改善的地步，那是事實。就如菇吉她自己所述的內外不平衡，在外的成就與掌聲，和在家裏的冰寒，相較懸差太大，迫得她只好繼續向外。」

「唉！」胡麗卿歎息：「我能想像得到，她那種過河之卒的心理。」

「我看她是在逃避，這絕不是辦法，這是惡性循環！」

「雄馬你說的對！」軍師說：「事情就是這樣，我擔心她得不到調適，長久下去會……會像她所說的曇花，悄然萎謝……。」

「大家想想辦法看！」呂愛玲最急：「既然她能因爲我們而快樂，我們一定能夠影響她的！」

「我來報告今天下午的事，」小林憋不住，坦白說出海灘抹油的事，有點心虛，一面說一面看他的女朋友辛會美，看到她大大白白的臉上杏眼圓睜，一面聽一面搖頭，也不知她這是不相信還是不贊成，不贊成的是菇吉還是……。

「你們想想看，這件事，是我多疑，還是……還是菇吉她……」小林急著要找答案。大家都望著軍師，諸不亮不是蓋的，就數他最有主意。軍師想了想，意味深長地點點頭：

「有道理，我知道了！」

「知道什麼？」

「天機不可洩漏，山人自有主張，弟妹們，你們等著，看山人我的妙計！」

「賣什麼關子嘛，」胡麗卿急得罵出口來：「什麼軍師諸不亮，亂唬人，根本就是個豬腦袋！」

(八)

營隊第六天，隊員的創作競賽揭曉，小林的一篇小說榮獲首獎。

小說的情節很特殊，一位孤兒院長大的青年，組隊去荒山裏找尋傳說中的一座湖。隊員包括有他的女友和另外五個，途中有一位男青年大顯身手，引得主角的女友有了改變。歷經艱苦之後，終於尋到了那一座迷濛的湖，男主角走向湖的另一邊，就這樣一去不回。

菇吉主持頒獎並作講評，特別把小說組的第一名，放在最後來作分析，她說：

「林乃昌的這一篇，不僅是筆觸濃重優美，題材特殊，更重要的是他的主題。人性之中本有著祛除孤絕感的渴欲，孤兒出身的主角，他的需求更較常人強烈。探險終結成為死亡之旅，原因之一是他失去了女友，原本存在祛除孤獨的一線生機已然斷絕！」

好沉重的分析，會心的六個人都不期然互望。

「另一因素，那就是林乃昌這一篇更大的價值所在：小說顯示了深密的象徵層次，孤寂的，杳無人跡的荒涼的湖是這位孤兒的心靈表徵，也是他潛意識裏的歸依。他的尋求既是基於他潛意識的驅迫，在最後絕望疲瘁之餘，荒湖自然成為他的歸依，始於孤寂的復歸於孤寂……。」

不行不行，菇吉竟然毫不忌諱地一連說出她自己的名號，這一定是不妙，雄馬焦急地看軍師，軍師暗暗搖手，示意讓她儘情一吐。

「這一篇觸動了我久藏的意念，我也有類似的經驗，那是我童年時經過的一處，有冷月荒江、寒風吹拂、水聲幽咽……以後，它一直就沉澱在我的心底，時常昇浮出現，有時……當我離開家，投身於十丈紅塵而四顧茫然的時候，那意象就會升起明晰，冷月荒江在召喚我回去，可悲的是，它是在萬水千山之外，迢遞得只有夢魂才能超越……。」

菇吉的眼裏一片迷濛，她在忍著，不讓奪眶迸出。

「對不起，是我不該把中年人的憂悒過早地傳染給你們，我要說明的是：林乃昌的這一篇，主題顯示了人類被嘲弄的無奈悲情……我確是不該說，但是，請原諒我不能說謊……。」

好不容易挨到結束，軍師召集緊急會議：

「我有一種不妙的預感，所以，我決定提前實施我的計劃！」

「怎麼做？」五個人都很興奮。

「就在今晚上夜談的時候，我們臨時改變，大家去跳土風舞。菇吉她是不會跳的，這一點我已經打聽清楚了，等她回宿舍，小林，你就去！」

「我去做什麼？」

「先談你的小說，然後……然後，唉！這種用得著我明說嗎？給她安慰，叫她相信你就是她的……就是她祛除孤獨感的對象！」

「那……我怎麼行，要去大家一齊去。」

「這件事非你不可，我的判斷不會錯，她喜歡你，海灘上的事不是事出無因，再加上她對這篇小說的感動。」

「如一定要這樣，那，叫辛會美和我一齊去。」

「關鍵就在這裏！」軍師盯著辛會美：「很可能菇吉希望小林能對她付出，我的意思你們懂吧！爲了菇吉，我以爲小林應該做，辛會美，妳……不會反對吧！」

「眞的會那樣？」辛會美望著小林的一臉無奈：「我是能諒解的啦，可是以後，以後小林他怎麼樣？」

「就只有這一次，一定！」軍師斬釘截鐵地宣佈：「你們要相信我，我不會料錯的。菇吉她自己也清楚，小林這只是在拉她一把，助她恢復自信，只要小林不沉迷，就絕不會再有第二次！」

「好嘛，小林，我沒意見，你自己當心點。」辛會美的聲音裏有著委屈，小林急得話都說不清：

「這……怎麼行？……荒……荒唐……。」

宣佈節目改變是有點突然，年輕人倒沒有什麼異議，原本在草地上散步沉思的菇吉卻不然，軍師看到她眼裏閃過的一絲驚詫與失望，還好！她還能用微微一笑來掩飾，跟著就看到她落寞地走向宿舍。

小林由他的女友陪著在等，一直猶豫著要不要去？辛會美說既是大家的決定，不好反悔，而且幫助菇吉也確是該做的事。爲了表示她的支持與信任，她溫柔地主動吻著小林，伴著他去宿舍前的林子，說她就在外面等小林。小林不放心，她催著他，他挨著挨著，終於無奈地決心進去。

辛會美就等在外面不遠處，菇吉的房裏燈還亮著，窗簾是拉起了的，辛會美禁不住猜想，小林進去之後……。

小林忽然從宿舍區狂奔過來，辛會美急問：

「怎麼回事？」

「她……她……唉！眞想不到……。」

（七）

菇吉的遺書極爲簡單：「是我自己。」

烈性毒藥想是早就準備了的，想來她早已選定日期，就是在這一次營隊，所以在她恣放的言辭中已不再忌諱什麼，多次不自禁地透露出訊息，甚至酒脫地對小林……。軍師的悔恨沉重，料想就是他突然的變更加重了菇吉的落寞，更要怪小林和辛會美的蘑菇，提早了她的結束。

果然是曇謝，選定的時間地點，悄然萎謝在衆多關愛者之前，但不知她不泯的精魂，是否能如她所望，回去她童年時的冷月荒江……。

營隊結束，鐵三角和三朶花分開了一陣子，六個人的心裏都明白，共同經歷的心靈創傷，是只能讓時間來淡化彌補的了。

兩個月後，胡麗卿收到了軍師的來信：

「菇吉去世之後，報刊的渲騰與人們的驚悼，到現在都已淡下來了吧！往後，也許還會有人懷念她，記得最深刻的是我們六個，但是儘管如此，對於菇吉又能有什麼？我們的愴痛與懷念既不能生死人而肉白骨，則一切無非可悲的空寥。

是菇吉教給我們體認到這份人生無奈嘲弄的，以後，相信我們六個在經歷了這番認知之後，終於能夠正視嘲弄，寫出一些或是做出一些，用以來抗議嘲弄或是竟能否定嘲弄了吧！」

歸魂

這就是灘江了，果然是江如其名的清清漣漣。

(一)

五根竹子編成的小小長長的竹筏，漁人帶著魚鷹，簍裡裝著魚獲。水流清澈，看得見水底水草的漂拂，搖曳著一條條碧綠。好些少年泅下去採水草，大把大把捧出水面來。自然的，無須任何裝備的，他們就像水鴨一樣生活在水裡。而鴨群正在過江，呷呷的成鴨後面跟著啾啾的小鴨。岸邊淺渚中還有另一群休憩的，單腳立著，頸插在翅膀裡……。

啓匣，放下你的腿骨，祝禱，何叔！我帶你回來了，讓你立足於此，久違的故鄉清流。是否你還能有夢，一如在半世紀前，曾想著在成家之後，與你的妻子倘徉於這片青山綠水之間。

我知道你的故事，何叔！你就是在這岸邊街上被軍隊強拉著帶走的。十七歲，初中三年級，純潔得連一點警覺都不會，只是上街來買文具，就這樣一去不回。想得到家人的焦急尋覓，結果當然是無奈，軍隊只是路過，被裹著的帶去飄洋過海，千山萬水之外，家鄉、親人從此睽離，睹面不能音訊難通。初時的夜裡有淚有夢，到後來漸漸麻木，連夢也沒了！

絕望之後，想著好死不如賴活，還是掙扎求生吧！

「飯是有得吃的，只是吃不飽。一班人一桶飯、一大盤菜，蹲在地上圍著吃，風捲殘雲，沒幾下就光了。當兵嘛，第一項要練的本領就是快，慢了就得捱餓，誰也救不了你。」

「新兵全是土包子，不但不識字，有的連左右都分不清。出操，兩隻手不曉得要怎樣擺動。班長就叫『筷子』、『碗』，筷子出右手，碗出左手。」

「軍歌教唱，沒見過歌詞是什麼？反正是跟著吼就行。還記得是那樣唱的：『老幼只道，橋畔天邊，雞聲雜著晚熄燈號』，到現在還不明白，如果眞是在天亮雞叫時候吹晚熄燈號，那可是稀奇！」

「凡是伙伕都胖，道理很簡單，我是念過點書的，這不就是『近水樓台先得月』嗎？有一次到馬鞍山，敵人剛退走，遍地都是地雷，是那種很老爺的，非得有相當重量踩上去才會爆。當時我很瘦，體重不夠，大夥兒叫我走最前面，只是我沒事，難保後面的也沒事。那天，一個班長帶著個伙伕，挑著一擔飯，赫唷赫唷，『崩』的一聲大響，中了頭獎。班長老油子趕緊一跳，沒事；回頭看那伙夫，下半身全沒了，人一下子矮了半截。他還以爲只是摔了一跤，張著手叫：『班長，拉我一把』班長說：『不行了吧！』他往下一看，垂下頭，委委屈屈的，沒多久就掛了。當時我們就在附近，那飯、血、肉、骨混合著升起、散開、落下來、沾到我們身上，點點斑斑，像是剛下了一陣急雨。」

「天氣太冷，去拉坍塌民房的木料來生火，班裡一個綽號叫『牛眼』的，被垮下來的橫樑活活打死，我奉命去抬他，軟軟的，骨頭都碎了，沒法抬，只好抱，抱著個仍有溫熱的屍體，怪怪的，那滋味我永遠都忘不了！」

「打仗就像是出痘子，第一次很怕，到後來也就沒什麼好擔心的，反正是豁出去碰運氣吧。排長說得不錯，怕死的死得最快，接上火，死的差不多都是些新手。我還好，沒多久就悟出這個道理來，也眞是命大，連個小彩也沒掛！最妙的一次在蘇北，全營只剩下百多個弟兄，守在一幢沒主的大屋，四面八方都是敵軍，通訊器材損壞，彈盡援絕。挨到天亮，營長下令上刺刀，準備突圍，我心想這番一定準死無疑，沒想到衝出去竟就是一路順風，敵人莫名其妙全撤啦！」

「沒多久，上面發現我念過幾年書，會寫會算，提拔我調去營部當文書。餉包多了點倒沒什麼，最大的好處是不必打衝鋒，這意思是兩層，一是不必再上刺刀的衝鋒；另一是改吃軍官伙，不必再打衝鋒搶飯。」

（二）

何叔！這裡是蝙蝠迎賓和望夫石，都是你熟悉的景點吧！撒下骨灰，蝙蝠迎賓迎的是你的靈。望夫石像是個揹著孩子少婦眺望的側影，不像是你沒過門的妻子，她沒過門哪來的孩子！或許她也曾在此佇望你的歸來吧！

「是新兵就都想家，『小開差』是常事，成功失敗比率五五波。被抓回來的是倒楣鬼，不會被槍斃，因爲兵員永遠不夠。處罰的方式是全排人排成一列，每個人過來對著倒楣鬼的肚子揍上一拳。我待過的那排裡一個二楞子身體本來就很差，被架著挨揍時他一直哀嚎，挨到揍完像一團泥癱倒在地，到晚上就掛了！」

「入營沒多久我就寫信回來，告訴家人我還好，可總等不到回音，部隊從未在一處待上三天的，有信也沒法收到。到了台灣，駐地固定了，想辦法託人由香港帶信回去，還是沒回音。我不死心，一直在努力，直到後來碰巧遇見了胡伯母。胡家和我家是鄰居，他家人丁比我家更單薄，就胡伯母和她的獨子胡耐寒，孤兒寡婦相依爲命。胡耐寒和我同學，高我一班，離家的那年我初三，他已經畢業了。」

「那一天我輪値當採買、去菜場，看見有個貧婦在撿菜葉。忽然間她衝過來問我：『你……你是何文兆嗎？』我這才驚喜地認出她就是胡伯母。是胡伯母告訴我兩家的情況，不！是三家，還有我未婚妻她家裡。胡耐寒長得高大強壯，被交警總隊看中，當上排附。這一支新成立、裝備精良的軍隊開去東北，沒多久消息傳來，胡耐寒他失蹤了！」

「我家和我未婚妻白家全垮在鬥爭，我父親被判『善霸』掃地出門，父親母親氣病雙亡，我哥哥下放勞改、病死。白家更慘，一家三口被迫參加開發西北，老兩口死在路上，女兒白玫掙扎回到都市，在一場大火中罹難，事後傳說那場火就是白玫她自己放的，燒死了好一些幹部，那是在替她的雙親報仇……。」

「胡伯母跟著親戚來台灣，現在靠替人洗衣服過活。她說她現在已經不流淚了，因爲她的淚已流盡。只是她還在盼望著失蹤的兒子有一天突然會出現在她眼前。『只是要失蹤，就不是陣亡，還是有希望的，文兆！你說是不是？』我口裡雖還在安慰她：『當然！當然！』心裡卻想著所謂的失蹤也不過是善意的謊言吧！聽說那支軍隊的結果是全軍覆沒，胡耐寒必是可憐的無定河邊之骨，但還是他孤苦老母不絕如縷的一絲希望。」

「我脫下金戒指送給胡伯母，請她珍重，等待，我沒能對她有更大的幫助。我好慘，心頭像是被刀扎上、完完全全地絕望，讓你覺得，當所有的親人都已死去，你孤伶伶地一個活著實在不是滋味……。」

(三)

何叔！這裡是橋堤了，青峰鎖江，碧水縈迴，岸邊的茂密醉竹迎風搖曳。我在浪花中撒下你，注視著水波，你的一生，可不就如這浪捲一般的磊砢？

「軍中的老士官權威得很，新兵菜鳥全靠他們示範帶動。老士官們的脾氣都很大，有的專拿菜鳥當出氣筒，也有不肖的會敲詐菜鳥接受奉獻。多半消除苦悶的方式是酗酒、賭博，就我這文書上士例外，不酒不賭，只抽紙煙，跟菜鳥們也沒瓜葛。」

「行伍出身的，注定命運升不上去，是該考慮要退下來了……。」

我知道，何叔退伍之後住進「排屋」。一排七間，每間大概六到七坪，公用廚廁在兩頭。

等到開放探親，老士官們一窩蜂倦鳥歸巢，卻又一大半鎩羽而歸。去的時候很風光，在香港找門路帶上三大件五小件：摩托車、電視、收錄音機什麼的，不用花錢，連機票錢都替你出，帶進去賺上一大筆當然沒你的份。回到家，甚至有當地的國台辦派車、歡迎、設宴。八杆子倒不到的親戚來上一大票，有的不但沒見過，甚至沒聽說過。反正是高興吧！管他是不是大伯的孫子還是二姑的表姪，一律打哈哈。來人都帶著袋子準備裝剩菜，搞得你連筷子都不敢伸。然後就等著你送錢、送禮：人民幣、美金、台幣、港幣、錶、隨身聽、手電筒、摺疊傘……人人有份皆大歡喜。更妙的是送藥，出國之前勤跑醫院，這會帶上各種藥品：感冒發燒、胃痛、腹瀉、血壓高、心臟病、攝護腺肥大……反正是老兵們的常用藥，全都能排上用場，當過散財童子再當扁鵲華佗。三天之後，沒什麼戲唱了，祖墳上過修過了，笑臉也沒了，梁園雖好終非久戀之鄉，若是再待下去，準被吃乾剝淨；還是見好就收，趕緊告辭打道返台，也只有這一處待上大半輩子的地方還能讓你安或有點不安地數餘年。走過一趟，能見著親人的還算是心安理得，沒什麼近親的就只撈到一肚子窩囊。

何、白兩家既已蕩然無存，何叔他也就不必去散財施藥了。仗著退伍老友們的幫忙，年過半百的何叔娶了親，新娘子三十來歲，以前也嫁過人的，不知是什麼原因又成了單身。喜宴就設在排屋近處的一家海鮮店，席開六桌，女方的親友到得比男方多。喜帳旁懸著老營長送的嵌名聯：「文華倚馬立待，兆喜獲麟延嗣」。

只是老營長的預卜不準，何門延續香火的希望落空。三個月後，多事的新娘子貪圖一千元謝禮，替人作保，倒了十萬，害得何叔把一點積蓄賠進去還不夠，債主子逼得緊，新娘子離家出走，從此鴻飛杳杳，久後有消息說，有人曾見著她在東部的一間茶室。

何叔他一下子老了十年，去看他，他呆呆地坐在屋裡，告訴我說：排屋同袍從左邊屋開始，一個個死，就快要輪到他了。

(四)

灘江，它還是那樣的清流宛轉，水牛三五成群在江邊悠閒泡水，好多孩子在水中，在岸邊追著我們的船，要一點錢，或是一塊麵包。有的小男孩是全裸的，女孩們還好懂得害羞，在腰間圍著些布。

何叔！我向江中撒下你，這些少年可是如你的曩昔？你也曾傍著遊船奔跑嗎？當然不是！半世紀之前你是家道小康縣立初中的模範生，每學期都拿第一。每當成績單到家，你的母親總會喜孜孜地殺雞燉肉，向鄰居們誇耀：「我們家的么老爺又中頭名嘍！」晚你一班的校花白玫也對你有好感，所以親事一提就成。訂親之後，你倆也曾有魚雁往返，阿玫她的詩作得不錯，而你卻已經學會填詞。那一闋小詞：「石榴樹下敘情濃，綠蔭處處芳蹤，闌珊燈火一園中，夜正朦朧」該是你摹擬幽會的情景。只是你和阿玫從來就不曾有過約會，想必是家教禮法教你們一定要等到婚後才開始享受的吧！唉！早知如此，何叔你該會悔不當初吧！

排屋拆了，何叔的健康很差，住進了榮民之家。我去探視，榮家旁的小公園裡有大樹的濃蔭、鳥們的聒噪、男孩們踏著輪鞋橫衝直撞、女孩們跳橡皮筋、花開得又香又盛，園子裡的蓬勃生動，恰與榮家裡的一片黯淡蒼老形成強烈對比。你說：

「老營長移民加拿大，寂寞得很，常有信來說想回來。去年生病，看醫生很不方便，預約有時候得等上個把月，還沒等到看就走了。什麼文明先進國家，醫療服務這麼差，不人道！歧視我們黃皮膚的是不是？」

「魏上士最好，靠他的工兵手藝組成班底承包小工程。存了錢、買了房子、結了婚，大兒子今年考上博士班，老魏每天打太極，活得硬朗，喝！了不起！」

「老陳開一家永和豆漿，老婆兒子媳婦全家動員，老陳他專管烤燒餅，又香又脆，可是我不敢去，因為他堅持不收費。」

「米上士很慘，上醫院照胃鏡，一緊張暈了過去，實習大夫沒經驗，錯過急救，四小時腦部缺氧成了植物人。虧得他的太太、兒子、女兒都不錯，接回家來細心照料。兒子辭了工作，專心在家幫老兒做復健，連大便都細心檢視看有沒有異味異狀。我去看過他、喊他，他像是知道，眼睛能睜開，流淚，口裡荷荷的想說話說不清楚。確是有進步，只是進步得很少，很慢。唉！那兒子好得眞叫人嫉妒，只是就這樣耗下去，不知要等到何年何月？年輕人的前途也就這樣完了！」

「川耗子唐士官，做菜有一手，現在當餐館大廚，一個獅子頭四兩重，名氣大，收入不錯。只是血壓高，以前一瓶金門陳高的量，到現在也不敢再逞強了。」

「老李，以前是出了名的運動健將，籃球隊隊長，打中鋒，八百公尺游泳冠軍紀錄的保持者。得了一種怪病，積便排不出來，中、西醫看過無數，全沒用。人瘦得像副骷髏，動作慢得出奇，最喜歡打麻將，可是他太慢，四圈牌二小時到他要加三倍變成六小時，沒人願意陪他。」

「駕駛員任光華退下來開計程車，本來是還可以的，偏偏生下個敗家子，渾身名牌、充闊，敗光了他老爸的積蓄，氣死了他老母，自己一溜不知去向。老任他現在靠賣獎券維生，有一次在小店見著，一碗魯肉飯，半瓶米酒，一碟子煮花生，扒完飯、喝口酒，嚼一粒花生，眼睛紅紅的，一臉的無奈，茫然！」

「還有個大塊頭老章，得了失憶症，走路像是個毛毛蟲在蠕行。見面問他我是誰？他說不知道。胸前掛著個牌子，那是怕他認不得路，回不了家。」

「我嘛！現在是三等公民：等吃、吃喝、等死……」

(五)

好些人在忙著曬水草。一隻黑蝶翩翩飛過，是你嗎？何叔！是你苦澀人生的化身來此翔飛？憑弔這曾經熟悉的水色山光，憑弔你念念不忘的死去的父母、兄長、小玫，憑弔你自己淒苦的一生。

何叔！我就在這裡放下你的頭骨了。

在榮家，還能見著你在聽平劇帶子，《四郎探母》是不是？當鐵鏡公主唱到：「莫不是，思故土，意馬心猿」時，分明看到你的熱淚紛灑。

是你對我說的：「等死也不容易呀！我只希望走得快些，我不要像米上士那樣，求生不能求死不得，我受不了！天地不仁以萬物爲芻狗，這話眞是不錯，連死都是這樣的艱難。」

你住進醫院，我去看你，聽你的叮囑：「火化就好，帶我回灕江，撒在江上。」而我總覺得你的音量還很宏大，一定還能轉危爲安的，不會那麼快就走的。就在我有遠行之前去醫院，醫生說情況不樂觀，需要切開氣管，插管。等到我匆匆趕回，你已經被移到呼吸照顧病房，插上管，人已不能說話。看到病床上的一副骨瘦伶仃，病床旁的醫療儀具，默然的注視中傾聽著儀具運轉，我這才了解到死的艱難。從你的眼神中我知道你在對我說：「讓我快點死！」我眞願意助你，只是我實在做不到。抱歉了！何叔！就只能這樣讓你孤伶伶地苦苦地挨這最後一程。

那天晚上，接到醫院的電話，我趕上了送你的終，像是你在忍死等我，叫你時分明還有知覺，分明看到你有淚流下，但也只是無奈的訣別了。幾分鐘之後，醫生宣佈已經測不出心跳，替你蓋上白布。我叫著喊你還有呼吸，沒有死，而醫生卻說那只是儀具幫浦的空氣聲。

何叔！我送你到此，替你完成了心願，安息吧！

那隻黑蝶還在飛著，眞的是你嗎？何叔！

寫作年表

篇名	發表時間	發表處所	備註
	一九五三、七	香港亞洲畫報	獲小說徵文獎佳作、原文已佚
小林的日記	一九六四、五	中國一周七四五期	
坎坷	一九七〇、十	智慧雜誌三卷十一期	
蛻	一九七一、十二	靜宜學院宜園七期	
黑繭	一九七四、十二	中外文學三卷七期	
烈火入冰	一九七六、十二、十九、廿	聯合報副刊	
銹才	一九七七、四、十	中華副刊	
教授之死	一九七七、十、一、二	中華副刊	
訊號	一九七八、三、四、五、六	中華副刊	
二個口的男人	一九七八、六、三、四	中華副刊	
涸轍	一九七八、八、十二、十三	中華副刊	

馬鞍山・阿朋	一九七九、六	中華文藝一〇〇期
翡翠	一九七九、十一、二七	新聞報西子灣副刊
蛇噛	一九七九、十二、四、五	台灣日報副刊
會哭的樹	一九七九、十二、十一	新聞報西子灣副刊
行過崖緣已是山	一九八〇、一、十四、十五	新聞報西子灣副刊
不悔	一九八〇、七、二、三	台灣日報副刊
相見爭如不見	一九八〇、十二、十七	聯合報副刊
	一九八一、一、十九、廿	世界日報副刊
翡翠衾寒誰與共	一九八一、八、十二、十三	中華副刊
死在北極	一九八一、十一、十六、十七	台灣日報副刊
醉過方知酒濃	一九八一、十一、十八	新聞報西子灣副刊
馮婦、馮唐	一九八二、十二、廿八、廿九	新聞報西子灣副刊
部主任的一天	一九八三、一、三、四	台灣日報副刊
定點的圓弧	一九八三、二、五、六	中華副刊
夜祭	一九八五、一、九、十	中華副刊
曇謝	一九八五、四、三十一五、一	新聞報西子灣副刊
歸魂	二〇〇四、十二、三、四	聯合報副刊